드림중국어 중급 회화 600 (HSK 4-5급)

梦想中国语 中级 会话 600

드림중국어 중급 회화 600 (HSK 4-5급)

梦想中国语 中级 会话 600

종이책 최신판 발행　　2023 년 07 월 01 일
전자책 최신판 발행　　2023 년 07 월 01 일

편저:　　　　　류환
디자인:　　　　曹帅

발행인:　　　　류환
발행처:　　　　드림중국어
주소:　　　　　인천 서구 청라루비로 93, 7 층
전화:　　　　　032-567-6880
이멜:　　　　　5676888@naver.com
등록번호:　　　654-93-00416
등록일자:　　　2016 년 12 월 25 일

종이책 ISBN:　　979-11-93243-00-8 (13720)
전자책 ISBN:　　979-11-93243-02-2 (15720)

값:　　　　　　38,800 원

이 책은 저작권법에 따라 보호받는 저작물이므로 무단복제나 사용은 금지합니다. 이 책의 내용을 이용하거나 인용하려면 반드시 저작권자 드림중국어의 서면 동의를 받아야 합니다. 잘못된 책은 교환해 드립니다.

<MP3 무료 다운!> <영상 무료 보기!>

이 책에 관련된 모든 MP3 는 드림중국어 카페(http://cafe.naver.com/dream2088)를 회원 가입 후에 <교재 MP3 무료 다운> 에서 무료로 다운 받으실 수 있습니다.

MP3 파일 다운로드 주소:　　　　　https://cafe.naver.com/dream2088/3803

발음과 한국어 해석본 다운로드 주소:　　https://cafe.naver.com/dream2088/3799

회화 영상 시청 주소:　　　　　　　https://cafe.naver.com/dream2088/3804

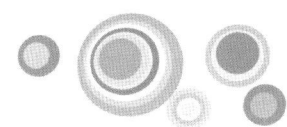

< 목 록 >

중급 회화 1-600 (HSK 4-5급) 1

중급 회화 1-50 1

중급 회화 51-100 12

중급 회화 101-150 21

중급 회화 151-200 31

중급 회화 201-250 41

중급 회화 251-300 49

중급 회화 301-350 57

중급 회화 351-400 67

중급 회화 401-450 78

중급 회화 451-500 88

중급 회화 501-550 97

중급 회화 551-600 107

HSK 지정 단어집 118

중급 필수 어휘 600 118

MP3 음성 파일 다운로드 146

한국어 해석본 다운로드 146

회화 영상 시청 주소 146

드림중국어 시리즈 교재 147

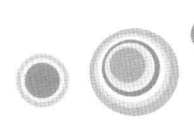
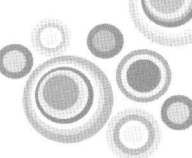

드림중국어 중급 회화 600 (HSK 4-5급)

01 爱情 ài qíng	남녀 간의 사랑. 애정. A：爱情是什么？B：我不说你都懂，你不说我都懂，这就是爱情。 A：你相信爱情吗？B：虽然我谈过几次失败的爱情，但是我仍然相信爱情。 A：面包和爱情，你会选择哪一个？B：我觉得没有面包的爱情是不会长久的。 A：人的三大感情是什么？B：爱情、友情和亲情是人的三大感情。 A：爱情、亲情和友情，对你来说，哪个是第一位的？B：亲情。
02 安排 ān pái	(인원·시간 등을) 안배하다. 일을 처리하다. 준비하다. A：你怎么安排你的休息和学习时间？B：我每天都订立详细的计划和目标。 A：你怎么安排周末的时间？B：我周末要么去公园运动，要么去超市购物。 A：你下课后有什么安排吗？B：我下课后要去见朋友。 A：这次暑假你有什么安排？B：我想去国外旅游。 A：今天晚上你有什么安排吗？B：今天晚上我要去见客户。
03 安全 ān quán	안전하다. A：你觉得世界上哪个国家是最安全的？B：我觉得中国和韩国都挺安全的。 A：你觉得最安全的地方是哪里？B：我觉得最安全的地方是家里。 A：你觉得应该怎么保护电脑的安全？B：我觉得应该下载好的杀毒软件。 A：你觉得应该怎么保护银行账户的安全？B：我觉得应该设置一个复杂的密码。
04 暗 àn	어둡다. A：你觉得教室里暗吗？B：我觉得不太暗。

		A：这里有点暗，请问灯的开关在哪里？B：灯的开关在这里，我帮你打开。
05 **按时** àn shí		제때에. 시간에 맞추어 A：你每天按时起床吗？B：我每天按时起床。 A：你每天按时吃饭吗？B：我每天不太按时吃饭。因为我工作很忙。 A：你每天按时上课吗？B：我每天按时上课。 A：你都感冒一周了还没好，你按时吃药了吗？B：我这几天太忙了，没有按时吃药。 A：下周有个重要会议，你还记得吗？B：嗯，记得，我会按时参加的。
06 **按照** àn zhào		...에 따르다. ...의거하다. A：在韩国，学生可以染头发吗？B：按照学校的规定，学生不可以染头发。 A：你按照说明书使用手机吗？B：我不用看说明书，就会使用这部手机。 A：你能按照老师的要求读一下吗？B：有点难，请老师先读一下。
07 **包括** bāo kuò		포함하다. 포괄하다. A：HSK包括几种考试？B：HSK包括听力、阅读和写作三种考试。 A：教室里现在有几个学生？B：包括我在内，教室里一共有三个学生。 A：请问你家里有几口人？B：包括我在内，一共有三口人。 A：你们家的物业管理费包括电费和水费吗？B：物业管理费不包括电费和水费。
08 **保护** bǎo hù		보호하다. A：你觉得应该怎么保护自己的视力？B：我觉得应该少看手机和电脑。 A：你觉得人类为什么要保护动物？B：因为动物是人类的朋友。 A：你觉得父母不在身边的时候，谁能保护你？B：我觉得自己要学会保护自己。
09 **保证**		보증하다. 담보하다.

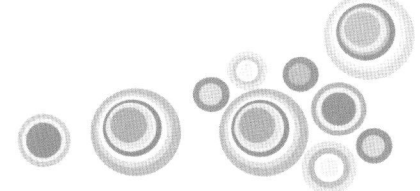

bǎo zhèng	A：你向你的家人做过什么保证？ B：我向我妈妈保证过以后再也不说谎了。 A：你能保证以后不再犯相同的错误吗？ B：我会尽力不再犯相同的错误。 A：你会经常向别人做口头保证吗？ B：我觉得实际行动比口头保证更重要。	
10 抱 bào	안다. 껴안다. 포옹하다. A：你喜欢被别人抱着吗？ B：我小时候喜欢被别人抱着。 A：你能抱得动你妈妈吗？ B：我好像没有抱过我的妈妈。 A：你晚上睡觉的时候喜欢抱着什么？ B：我睡觉的时候喜欢抱着一个洋娃娃。	
11 抱歉 bào qiàn	미안해하다. 미안하게 생각하다. 죄송합니다. A：真抱歉，我来晚了，请原谅。 B：没事儿。 A：请问图书馆怎么走？ B：抱歉，我是外国人，不太清楚。 A：你听懂老师刚才说的话了吗？ B：很抱歉，老师您能重新说一遍吗？ A：你什么时候会对别人说抱歉？ B：我迟到的时候会对别人说抱歉。	
12 报道 bào dào	(뉴스 등의) 보도 A：你喜欢看新闻报道吗？ B：我很喜欢看新闻报道。 A：你去过新闻报道现场吗？ B：我没有去过，但是我的记者朋友去过。 A：你觉得电视上的报道都是真实的吗？ B：我觉得有些报道不是真实的。	
13 报名 bào míng	신청하다. 등록하다. 지원하다. A：这次的HSK考试你报名了吗？ B：这次的HSK考试我没报名。 A：你报名参加过公务员考试吗？ B：我报名参加过三次，但是都没有成功。 A：你知道怎样报名参加高考吗？ B：学校老师会帮助我们报名的。	
14 倍	배. 배수. 곱절. 갑절.	

bèi	A：2的3倍是多少？B：2的3倍是6。	
	A：韩国的房价比10年前涨了几倍？B：韩国的房价比10年前涨了很多倍。	
	A：听说来韩国的中国留学生越来越多了。B：是的，中国留学生数量比去年同期成倍增长了。	
	A：你觉得最近学习汉语的外国人多吗？B：是的，学习汉语的外国人增加了很多倍。	
15 本来 běn lái	보다. 본래. 원래.	
	A：你爸爸妈妈本来是做什么的？B：我爸爸妈妈本来是老师。	
	A：你的汉语本来就很好吗？B：不是的，我刚开始不会说汉语，后来去学院学习的。	
	A：你本来就住在这个城市吗？B：不是的，我是和父母两年前搬家到这里的。	
16 笨 bèn	멍청하다. 우둔하다. 어리석다. 미련하다.	
	A：你觉得什么动物看起来很笨，但其实很聪明？B：我觉得熊猫看起来很笨，但其实很聪明。	
	A：你觉得你们家谁最笨？B：我觉得我们家人都不笨。	
	A：你觉得笨人和聪明人有什么不同？B：我觉得聪明人都很努力，笨人不努力。	
	A：你觉得脑子笨的人也能成功吗？B：我觉得人只要努力，就能成功。	
17 笔记本 bǐ jì běn	노트 수첩. 비망록.	
	A：你有几个笔记本？B：我有3个笔记本。	
	A：这个笔记本是你的吗？B：这个笔记本不是我的。	
	A：你最喜欢的笔记本是什么颜色的？B：我最喜欢的笔记本是黑色的。	
	A：你有笔记本电脑吗？B：我有笔记本电脑。	
	A：你的笔记本电脑是什么牌子的？B：我的笔记本电脑是三星的。	
	A：你收到过笔记本电脑礼物吗？B：我收到过笔记本电脑礼物。	
	A：你在家的时候喜欢用台式机还是笔记本电脑？B：我在家的时候喜欢用台式机。	

梦想中国语 会话

18 毕业 bì yè	졸업(하다).	
	A：你毕业以后有什么打算？ B：我想边工作，边考研。	
	A：你(爸爸妈妈)大学毕业几年了？ B：我(爸爸妈妈)大学毕业十几年了。	
	A：你是哪个大学毕业的？ B：我是山东大学毕业的。	
	A：你是哪一年中学毕业的？ B：我是2010年中学毕业的。	
19 遍 biàn	번. 차례. 회. 한 동작의 처음부터 끝까지의 전 과정을 가리킴	
	A：你知道那漫山遍野的是什么吗？ B：那是金达莱花。	
	A：重要的事情你会说几遍？ B：重要的事情我会说三遍。	
	A：这本中文书你读了几遍？ B：这本中文书我读了一遍。	
	A：哪一部电影你看过很多遍？ B：《泰坦尼克号》我看过很多遍。	
	A：哪一首歌你听过很多遍？ B：《甜蜜蜜》我听过很多遍。	
20 标准 biāo zhǔn	표준. 기준. 잣대.	
	A：你觉得健康的标准是什么？ B：我觉得健康的标准是不生病。	
	A：老师，请问这道题的标准答案在哪里？ B：这道题的标准答案在书的最后一页。	
	A：你觉得我的中文说得怎么样？ B：我觉得你的中文发音很标准。	
	A：你觉得英语发音美国人标准还是英国人标准？ B：我觉得英国人的英语发音更标准。	
21 表达 biǎo dá	(자신의 사상이나 감정을) 나타내다. 표현하다.드러내다.	
	A：你善于表达自己的感情吗？ B：是的，我会向家人和朋友表达我的喜怒哀乐。	
	A：你喜欢用什么表达自己的想法？ B：我喜欢用文字表达自己的想法。	
	A：我不知道怎样表达对你的感谢之情。 B：一切都在这杯酒里了，干杯！	
	A：你爸爸是一个善于表达的人吗？ B：我爸爸不是一个善于表达的人。	
22 表格	표. 양식. 도표. 서식.	

	biǎo gé	A：你会使用EXCEL表格吗？B：我会使用基本的EXCEL表格。 A：请在这个表格里写一下你的名字。B：请问是写中文名字还是韩文名字？ A：你觉得这张表格使用什么颜色好看？B：我觉得使用蓝色和白色比较好看。 A：去医院的时候需要填写表格吗？B：去医院的时候需要填写表格。
23 表扬 biǎo yáng	칭찬하다. 표창하다.	A：你在学校/公司经常受到表扬吗？ B：我经常受到表扬。 A：谁经常表扬你？B：我的老师(上司)经常表扬我。 A：你经常表扬谁？B：我经常表扬我的学生。 A：听说你今天受到妈妈表扬了？B：是的，我今天帮妈妈做家务了，妈妈很开心。
24 饼干 bǐng gān	비스킷. 과자.	A：你喜欢吃什么饼干？B：我喜欢吃巧克力饼干。 A：你经常吃饼干吗？B：我不经常吃饼干，但我经常吃面包。 A：你会把饼干当饭吃吗？B：我忙的时候会把饼干当饭吃。
25 并且 bìng qiě	또한, 게다가. 나아가. 그리고	A：你这次考试怎么样？B：我考了第一名，并且受到了老师的表扬。 A：你觉得那个人怎么样？B：我觉得他很好，并且我们成为了朋友。 A：你去过北京吗？B：我去过北京，并且在那里认识了我的爱人。
26 博士 bó shì	박사(학위).	A：你想读博士吗？B：我不太想读博士。 A：在中国，博士需要读几年？B：在中国，博士需要读三到四年。 A：在韩国，博士需要读几年？B：在韩国，博士需要读5年左右。 A：你觉得考博士难吗？B：我觉得只要有决心和努力，就一定可以考上的。

27 不但 bú dàn	…뿐만 아니라 + 而且	
	A：你的姐姐漂亮吗？B：我的姐姐不但很漂亮，而且个子也很高。	
	A：昨天你相亲的那个人怎么样？B：他不但长得帅，而且人品很好。	
	A：今天天气好像有点冷。B：今天不但天气很冷，而且风也很大。	
28 不过 bú guò	그러나. 그런데. 하지만.	
	A：你想吃块儿蛋糕吗？B：蛋糕很好吃，不过我不太饿，你吃吧。	
	A：你喜欢养小狗吗？B：我喜欢小狗，不过不喜欢养小狗。	
	A：这件新衣服怎么样？B：这件新衣服很好看，不过太薄了，不保暖。	
29 不得不 bù dé bù	어쩔 수 없이. 부득불. 반드시.	
	A：你今天怎么回来得这么早？B：天要下雨了，我没带伞，所以不得不早点回来。	
	A：你妈妈最近看起来很忙。B：爷爷生病了，妈妈不得不去照顾他。	
	A：你怎么改机票了？B：会议日期延迟了，我不得不更改机票。	
30 不管 bù guǎn	…을 막론하고…에 관계없이.＋ 都	
	A：你汉语怎么进步得这么快啊？B：因为不管刮风下雨，我都坚持来学院学习汉语。	
	A：你身材怎么这么好啊？B：因为我不管每天多么忙，都会运动一个小时。	
	A：我不确定明天能不能来。B：不管能不能来，你都提前打电话告诉我一下。	
31 不仅 bù jǐn	…뿐만 아니라.＋ 还	
	A：你认识那个人吗？B：我不仅认识她，我还认识她的家人。	
	A：你喜欢吃中国菜吗？B：我不仅喜欢吃中国菜，我还会做中国菜。	
	A：你去过北京吗？B：我不仅去过北京，还去过上海。	
32 部分	(전체 중의) 부분. 일부(분).	

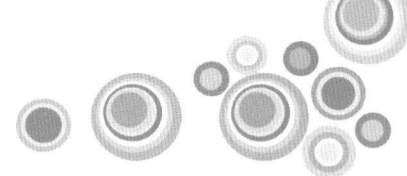

bù fēn	A：你知道这次考试考什么吗？ B：这次考试分为口试和笔试两部分。	
	A：汉语的听、说、读、写，这四个部分你觉得哪一部分最难？ B：我觉得说最难。	
	A：请问这个句子分为几部分？ B：这个句子分为三部分：主语，谓语和宾语。	
	A：HSK考试分为几个部分？ B：HSK考试分为听力、阅读和写作三个部分。	
33 擦 cā	(천·수건 등으로) 닦다. A：你每天擦桌子吗？ B：我每周擦两到三次桌子。 A：你能帮我擦一下汗吗？ B：请稍等，我去拿一下毛巾。 A：是谁把椅子擦得这么干净？ B：是那个新来的同学。 A：你每天洗脸以后用什么把脸擦干？ B：我每天用毛巾把脸擦干。 A：你的手机多长时间擦一次？ B：大概一年擦一次。	
34 猜 cāi	추측하다. 알아맞히다. 추정하다. (짐작하여) 맞추다. A：你猜猜他是谁？ B：他是不是你的老师呢？ A：你猜儿子现在在哪里？ B：他一定在朋友家玩游戏呢。 A：你猜我今天见到谁了？ B：我的前男友。 A：你玩儿过猜谜语的游戏吗？ B：我玩儿过。	
35 材料 cái liào	재료. 원료. 감. 자재. A：学习汉语需要什么材料？ B：老师都给准备好了。 A：你知道这张桌子是什么材料的吗？ B：这张桌子是木头材料的。 A：这个房间隔音很好。 B：因为墙里有隔音材料。	
36 参观 cān guān	(전람회·공장·명승 고적 등을) 참관하다. 견학하다. 시찰하다. A：你知道新开的博物馆怎么样吗？ B：我还没去过，我们下周一起去参观一下吧！ A：听说你搬新家了，我可以去参观一下吗？ B：当然可以，随时欢迎！	

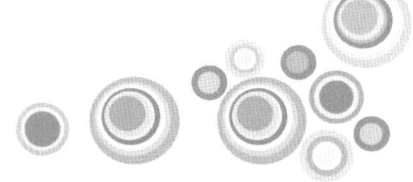

	A：听说你朋友下周要举行画展。B：对啊，下周我带你一起去参观画展。 A：你去参观过故宫吗？B：我还没去参观过。 A：你参观过博物馆吗？B：我参观过博物馆。
37 **差不多** chà bu duō	(시간·정도·거리 등이) 비슷하다. 큰 차이가 없다. 가깝다. A：你做完工作了吗？B：差不多快做完了，请等我一下。 A：你觉得我们俩谁更高？B：我觉得你们俩差不多高。 A：你和你的朋友年龄差得大吗？B：我和我的朋友年龄差不多大。 A：你听说过中国的"差不多先生"吗？B：我没听说过。
38 **尝** cháng	맛보다. 시험삼아 먹어 보다. 시식하다. A：你帮我尝一下这个菜咸不咸？B：有一点淡，再放点盐吧。 A：你尝过这种面包吗？B：没有，我不喜欢吃面包。 A：你为什么这么拼命地挣钱啊？B：因为我尝过没有钱的滋味。
39 **长城** cháng chéng	만리장성. 견고하고 튼튼한 힘, 혹은 넘기 어려운 장애. A：你去过万里长城吗？B：我知道它在北京，但是还没有去过。 A：你想去爬一次中国长城吗？B：是的，我打算今年暑假的时候去。 A：你知道这张照片是哪个旅游地吗？B：这是中国万里长城。
40 **长江** cháng jiāng	창장, 양쯔장 A：你知道中国最长的江是什么吗？B：我知道，是长江。 A：你知道图片里的这条河叫什么名字吗？B：这是中国长江。 A：长江的入海口在哪里？B：在上海。
	장소. 곳.

41 场 chǎng	A：你家附近有停车场吗？	B：我家地下一楼是停车场。
	A：学生们在操场上做什么？	B：学生们在操场上打篮球。
	A：你一般在哪里做运动？	B：我一般在运动场做运动。
42 超过 chāo guò	넘어서다. 초과하다. 넘다.	
	A：你能帮我超过那辆车吗？	B：好的，请系好安全带。
	A：他这次赛跑比赛成绩怎么样？	B：他超过了竞争对手，获得了第一名。
	A：你知道中国现在有多少人口吗？	B：听说中国现在人口已经超过15亿了。
43 吵 chǎo	시끄럽다. 떠들썩하다.	
	A：你为什么没有回答老师的问题？	B：刚才外面太吵了，我没有听清楚老师的问题。
	A：你和妹妹吵过架吗？	B：我小时候和妹妹吵过架。
	A：你的邻居们吵不吵？	B：我楼上的邻居特别吵。
	A：我们旁边的教室吵不吵？	B：我们旁边的教室一点儿也不吵。
44 成功 chéng gōng	성공하다. 이루다.	
	A：这次合作成功了吗？	B：是的，我们已经签订合同了。
	A：你今天怎么吃得这么多？	B：因为我今天做的饭菜很成功。
	A：你妹妹高考考得怎么样？	B：我妹妹成功地考上了理想的大学。
	A：你觉得怎么样才能成功？	B：我觉得只要诚实努力就一定可以成功。
	A：你认为成功需要运气吗？	B：我认为需要。
45 成熟 chéng shú	(생물체가) 성숙하다.	
	A：果园里的苹果成熟了吗？	B：还没有。
	A：你喜欢成熟的人吗？	B：我喜欢成熟的人。
	A：好久不见！	B：好久不见啊，你看起来比当年成熟了很多。

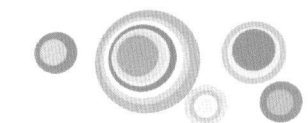

	A：你觉得你成熟吗？B：我觉得我还缺乏一些社会经验。 A：你觉得成熟和不成熟的人有什么不同？B：成熟的人会多做少说，不成熟的人会多说少做。
46 成为 chéng wéi	...이[가] 되다....(으)로 되다. A：你长大后想成为什么样的人？B：我长大后想成为一名画家。 A：在韩国很多人想成为医生吗？为什么？B：在韩国很多人想成为医生，因为收入高。 A：如果有下辈子，你想成为什么？B：我想成为一棵树。 A：你以后想成为你爸爸那样的人吗?为什么？B：我想成为我爸爸那样的人，因为他很成功。
47 诚实 chéng shí	진실하다. 참되다. 성실하다. A：你为什么喜欢我？B：因为你很诚实。 A：你好像很信任那个朋友。B：是的，因为我知道他是一个诚实的人。 A：你可以诚实地回答老师的问题吗？B：可以的，请讲。 A：你喜欢诚实的人吗？B：我喜欢诚实的人。 A：你是一个诚实的人吗？B：我算是一个诚实的人。
48 乘坐 chéng zuò	(교통수단에 / 자동차·배·비행기 등을) 타다. A：你乘坐过KTX高速列车吗？B：我去釜山出差的时候，乘坐过一次。 A：你乘坐过几次飞机？B：我乘坐过十几次飞机。 A：你喜欢乘坐地铁还是公共汽车？B：我喜欢乘坐公共汽车。
49 吃惊 chī jīng	놀라다. A：你怎么这么吃惊？B：我没想到能在这里见到我的老师。 A：我做的这个菜怎么样？B：太让我吃惊了，太美味了！ A：吃惊用英语怎么说？B：su rprise! A：你很吃惊的时候一般说什么？B：妈呀！

	A：你能做一下吃惊的表情吗？B：o h my go d!
50 重新 chóng xīn	다시. 재차. A：这份文件里有错误。B：那我重新修改一下。 A：听说这次考试你没去？B：嗯，那天我家里有事，我打算重新考一次。 A：韩国的驾照多长时间重新考一次？B：一般10年重新考一次。 A：HSK考试多长时间重新考一次？B：两年就要重新考一次。
51 抽烟 chōu yān	담배를 피우다 / 연기를 빼내다. A：你希望找一个什么样的男朋友？B：首先，他不能抽烟。 A：你爸爸在家里抽烟吗？B：我爸爸在家里很少抽烟。 A：韩国抽烟的人多不多？B：韩国抽烟的人很多。 A：你爸爸从什么时候开始抽烟的？B：他好像是从30岁开始抽烟的。 A：你爸爸抽烟吗？B：我爸爸以前抽过烟，但是两年前他把烟戒了。
52 出差 chū chāi	(외지로) 출장 가다. A：你爸爸经常出差吗？B：我爸爸每个月出差一到两次。 A：你经常去哪里出差？B：我经常去中国出差。 A：你喜欢出差吗？B：喜欢，因为出差的时候可以旅游和吃到美食。
53 出发 chū fā	출발하다. 떠나다. A：你几点出发？B：还不确定。 A：从你家出发走到学院需要多长时间？B：需要15分钟。 A：地铁一般几点出发？B：地铁一般早上6点出发。
54 出生 chū shēng	출생하다. 태어나다. A：你在哪里出生的？B：我在中国出生的。 A：你出生的时候几斤几两？B：我出生的时候6斤6两。

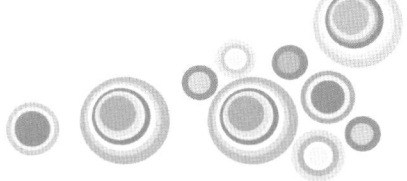

		A：你是什么时候出生的？B：我是秋天出生的。 A：你出生的时候天气怎么样？B：我出生的时候天气很冷。
55 传真 chuán zhēn		팩스 A：你经常使用传真吗？B：我没有使用过传真。 A：你知道传真技术有多久的历史吗？B：传真的历史有一个多世纪了。 A：合同资料我都整理好了。B：请发一份传真给我吧，谢谢！
56 窗户 chuāng hu		창문. A：你的房间里有几扇窗户？B：我的房间里有两扇窗户。 A：你喜欢什么样的房间？B：我喜欢有大窗户的房间。 A：请帮忙打开窗户，谢谢！B：好的，不客气。 A：我们教室里有几扇窗户？B：我们教室里有两扇窗户。 A：我们教室的窗户是什么颜色的？B：我们教室的窗户是绿色的。
57 词典 cí diǎn		사전. A：你有几本词典？B：我有两本词典，中韩词典和英汉词典。 A：你经常使用词典吗？B：我上大学的时候经常使用词典。 A：你喜欢电子词典吗？B：喜欢，因为我觉得使用电子词典很方便。
58 从来 cóng lái		(과거부터) 지금까지. 여태껏. 이제까지. 주로 부정형으로 쓰임 A：你每天都按时上课吗？B：是的，我从来没有迟到过。 A：你愿意嫁给他吗？B：我从来没有喜欢过他。 A：你觉得这个世界上有鬼吗？B：我从来不相信这个世界上有鬼。
59 粗心 cū xīn		세심하지 못하다. 소홀하다. 부주의하다. A：你是个粗心的人吗？B：我考试的时候容易粗心做错题。 A：你觉得粗心的毛病可以改掉吗？B：我觉得只要多注意，是可以改掉粗心的毛病的。

	A：对不起，我忘记带准考证了。B：哎呀，你太粗心了。
60 答案 dá àn	답안. 답. 해답 A：你知道这道题的答案吗？B：我没有做过这道题，不太清楚。 A：请问考试题的标准答案在哪里？B：在书的最后一页。 A：他问的这个问题有答案吗？B：他自己都不知道答案是什么。
61 打扮 dǎ ban	화장하다. 치장하다. 단장하다. 꾸미다. A：你打扮得这么漂亮要去哪儿啊？B：我今天要去相亲。 A：你早上出门前需要多长时间打扮自己？B：我一般需要半个小时。 A：你妈妈喜欢打扮吗？B：我妈妈喜欢打扮。 A：你们家谁最爱打扮？B：我妹妹最爱打扮。
62 打扰 dǎ rǎo	폐를 끼치다. 방해하다. 지장을 주다. A：打扰一下，请问图书馆怎么走？B：图书馆在那个学校的北面。 A：你中午在哪里休息？B：为了不被打扰，我中午去车里休息。 A：真不好意思，每次都来打扰你。B：太客气了，我很高兴能帮助到你。
63 打印 dǎ yìn	(프린터로) 인쇄하다. 프린트하다. A：你经常用打印机吗？B：我经常用打印机。 A：你需要打印几份资料？B：请先帮我打印三份，谢谢。 A：我可以用一下这台打印机吗？B：可以的，随便用。 A：你家里有没有打印机？B：我家里有打印机。 A：你家里的打印机能打彩色的吗？B：我家里的打印机能打彩色的。 A：你的公司里有打印机吗？B：我公司里有打印机。
64 打折 dǎ zhé	할인하다. 꺾다. 끊다. 절단하다. A：请问这件衣服什么时候会打折？B：中秋节的时候会打折。

	A：你喜欢买打折的商品吗？B：我喜欢周末去超市买打折的商品。
	A：这款手机很贵吧？B：我是在打折的时候买的，性价比很高。
	A：你妈妈喜欢什么时候去超市？B：她喜欢晚上8点以后去超市，因为很多东西都打折。
65 打针 dǎ zhēn	주사를 놓다. 주사를 맞다.
	A：你经常打针吗？B：我在小时候经常打预防针。
	A：你打针的时候哭过吗？B：我2岁的时候，打针哭过。
	A：你感冒的时候吃药见效快还是打针见效快？B：我一般打针见效快。
66 大概 dà gài	약, 대략. 아마(도). 대개.
	A：你听明白我的话了吗？B：我大概听明白了。
	A：你几点能到学院？B：我大概5点20分到学院。
	A：上次你们同学聚餐去了多少人？B：大概有二十人。
	A：你们学校大概有多少个老师？B：我们学校大概有30个老师。
67 大使馆 dà shǐ guǎn	대사관.
	A：你去过驻韩中国大使馆吗？B：我去过两次。
	A：你去过驻青岛韩国大使馆吗？B：我去过好多次了。
	A：你会因为什么事情去大使馆？B：我会因为办理签证的事情，去大使馆。
68 大约 dà yuē	대략. 아마. 다분히. 대개는.
	A：菜都凉了，你什么时候能到啊？B：我大约十分钟后能到，你们先吃。
	A：你能说出一首喜欢的中文歌名吗？B：《大约在冬季》。
	A：你觉得他大约有多高？B：我觉得他大约有一米78。
69 戴 dài	착용하다.(머리·얼굴·가슴·팔·손 등에) 착용하다. 쓰다. 차다. 달다. 끼다. 두르다.
	A：你喜欢戴手表吗？B：我不太喜欢戴手表。
	A：你每天都会戴耳环吗？B：我有时候会戴耳环。

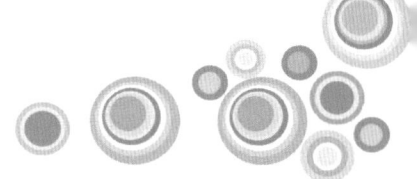

		A：你什么时候会戴帽子？B：我旅游的时候或者刮大风的时候会戴帽子。
70 代表 dài biǎo	대표. 대표자. A：你们家的代表是谁？B：我们家的代表是我爸爸。 A：你知道中文学院的法人代表是谁吗？B：是院长。 A：中国有国会议员吗？B：中国没有国会议员，但是有人大代表。 A：你能说出一些有代表性的中国菜吗？B：中国菜有糖醋肉、水煮鱼、羊肉串和火锅等。	
71 代替 dài tì	대체하다. 대신하다. A：你能代替我去一趟超市吗？B：可以，请问需要帮你买点什么？ A：你忙的时候会吃些什么代替饭？B：我会吃些面包或饼干。 A：护照可以请家人代替办理吗？B：护照必须由本人亲自去办理。	
72 大夫 dài fu	의사. A：你的家人亲戚中有大夫吗？B：我姐姐是一位内科大夫。 A：你想成为一名大夫吗？B：我小时候的理想是成为一名大夫。 A：你什么时候会去看大夫？B：我牙疼或感冒的时候会去看大夫。	
73 当 dāng	담당하다. 맡다. …이[가] 되다. A：你以后想当什么？B：我以后想当一位老师。 A："不想当将军的士兵不是好士兵"，你听说过这句话吗？B：没有听说过。 A：你觉得什么时候当妈妈比较好？B：我觉得结婚一年后当妈妈比较好。	
74 当地 dāng dì	현지. 현장. 그 지방[고장]. 그 곳. A：你是当地人吗？B：我不是，我和家人两年前搬到这里的。 A：你知道哪儿的西瓜好吃吗？B：当地产的西瓜好吃。 A：你觉得北京当地人怎么样？B：我去北京旅游的时候，当地人非常热情。	
75 当时	당시. 그 때.	

	dāng shí	A：你还记得你高考当时的心情吗？B：是的，高考当时的心情永远忘不了。
		A：你还记得小学当时的班主任是谁吗？B：我记得那位老师的样子，但忘记叫什么名字了。
		A：2008年北京奥运会当时，你在做什么？B：2008年夏天我刚考上了大学。
76 刀 dāo	칼.	
		A：你有几把水果刀？B：我有两把水果刀。
		A：你家的菜刀是在哪里买的？B：我在超市买的。
		A："一刀两断"是什么意思？B：意思就是"我和你从今以后再没有任何关系"。
77 导游 dǎo yóu	관광 안내원. 가이드	
		A：你旅游的时候需要导游吗？B：我喜欢自己一个人旅游。
		A：你觉得导游工作怎么样？B：导游虽然可以到处旅游，但是很辛苦。
		A：在韩国导游赚钱多不多？B：导游赚钱很多，但是很辛苦。
		A：你以后想做导游吗？B：我不想做导游。
78 到处 dào chù	도처. 곳곳. 이르는 곳. 가는 곳.	
		A：你去过东大门吗？B：去过一次，到处都是人，很热闹。
		A：你找到你的钱包了吗？B：我到处都找过了，但是没找到。
		A：你觉得首尔大学怎么样？B：很漂亮，而且到处都是美女。
79 到底 dào dǐ	도대체. 의문문에 쓰여 깊이 따지는 것을 나타냄	
		A：你到底吃没吃饱？B：我吃饱了，但是这个太好吃了…
		A：你到底想不想回家？B：时间还早，我想在外面玩一会再回家。
		A：这个人到底是什么来头？B：听说她是个白富美。
80 道歉 dào qiàn	사과하다. 사죄하다.	
		A：你什么时候会向别人道歉？B：我没能遵守和别人的约定的时候会道歉。
		A：你觉得应该怎样向别人道歉有诚意？B：我会说一句"对不起"，然后送一个苹果。

		A：你对谁道歉过？B：我对家人和朋友道歉过。
81 **得意** dé yì	의기양양하다. 득의하다. 대단히 만족하다.	
	A：他这次考试考了第一名。B：难怪他最近看起来很得意。	
	A：你最得意的事情是什么？B：我考上了喜欢的大学。	
	A：你爸爸什么时候很得意？B：我考试成绩好的时候我爸爸很得意。	
82 **得** děi	...해야 한다.	
	A：你为什么跑得这么快？B：快上课了，我得快点回教室。	
	A：你下课后做什么？B：天好像要下雨了，我得早点回家。	
	A：你觉得我瘦了吗？B：你现在太瘦了，你得好好吃饭。	
83 **等** děng	등. 따위	
	A：你喜欢吃什么水果？B：我喜欢吃苹果，桔子和葡萄等。	
	A：你喜欢看什么书？B：我喜欢看诗，小说和散文等。	
	A：你喜欢哪些中国演员？B：我喜欢成龙，桂纶镁和范冰冰等。	
84 **底** dǐ	끝.(～儿) 밑. 바닥.	
	A：你看到我的笔了吗？B：你的笔掉到桌子底下了。	
	A：你能看清河底的小鱼吗？B：河水很清，我能看到很多小鱼。	
	A：你什么时候回家看父母？B：我想等年底的时候回家。	
	A：你年底的时候忙不忙？B：我年底的时候最忙。	
85 **地球** dì qiú	지구.	
	A：地球是圆形吗？B：地球不是标准的圆形。	
	A：地球上有什么？B：地球上有陆地，海洋和生物等。	
	A：你觉得宇宙里有没有第二个地球？ B：我觉得一定有。	
86 **地址**	소재지. 주소	

dì zhǐ	A：请帮忙邮寄这封信。B：请填写一下收件人地址信息。	
	A：你能留下你的地址吗？B：这是我的名片，请看一下。	
	A：你是怎么知道学院地址的？B：我是从网上查找到的。	
	A：你知道你家的地址吗？B：我知道。	
87 掉 diào	떨어지다. 떨어뜨리다. 떨구다.	
	A：老师，你的书掉地上了。B：噢，请帮我捡起来，谢谢！	
	A：这是谁掉的身份证啊？B：啊，我认识这个人，他是我的学生。	
	A：你休假在家做什么？B：我打扫房间，并且把垃圾整理好扔掉。	
	A：苹果手机掉在地上会怎么样？B：会碎掉。	
88 调查 diào chá	(현장에서) 조사하다.	
	A：你在学校做过问卷调查吗？B：我在学校做过关于学校食堂的问卷调查。	
	A：你觉得怎样调查了解一个人？B：可以通过他的家人，朋友，同学和老师来调查一个人。	
89 丢 diū	잃다. 잃어버리다. 분실하다.	
	A：你丢过钱包吗？B：我在中秋节那天，坐公交车的时候丢过钱包。	
	A：你怎么没和小狗一起回来？B：天哪！我把小狗弄丢了！	
	A：这把椅子还能坐吗？B：那把椅子已经坏了，快丢掉吧！	
90 动作 dòng zuò	동작. 행동. 움직임. 몸놀림.	
	A：你能跟着视频里瑜伽老师的动作做吗？B：老师的动作太快了，我跟不上啊！	
	A：你抓住那只小猫了吗？B：它的动作太快了，我没抓住它。	
91 堵车 dǔ chē	차가 막히다. 교통이 꽉 막히다. 교통이 체증되다.	
	A：你今天上班的时候路上堵车吗？B：我每天上班的时候路上都堵车。	
	A：你觉得什么时候不会堵车？B：我觉得上午11点的时候不会堵车。	
	A：你觉得一年中什么时候最堵车？B：我觉得中秋节和春节的时候最堵车。	

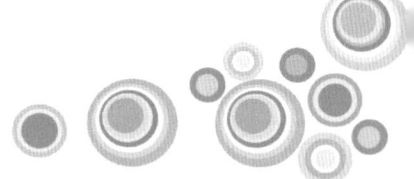

 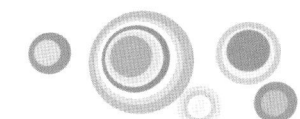

92 肚子 dù zi	배, (사람이나 동물의) 복부.	
	A：你肚子不舒服吗？	B：我刚才喝了凉水，肚子突然疼起来了。
	A：你爸爸有啤酒肚吗？	B：我爸爸不太能喝酒，没有啤酒肚。
	A：这瓶酸奶还能喝吗？	B：那瓶酸奶过期了，喝了会拉肚子的。
93 断 duàn	(도막으로) 자르다. 끊다.	
	A：路边的那棵树枝怎么断了？	B：昨晚风太大，把树枝刮断了。
	A：你在做什么？	B：嘘！我在思考问题，不要打断我的思路。
	A：你能看到那个断了线的风筝是什么图案吗？	B：它飞得太高了，看不清了。
94 对 duì	…에 대해(서).…에 대하여.	
	A：你对汉语感兴趣吗？	B：我对汉语很感兴趣。
	A：你对哪门课最感兴趣？	B：我对物理课最感兴趣。
	A：对这件事情，你怎么看？	B：我觉得每个人的看法不同，我想先听听别人的意见。
95 对话 duì huà	대화하다. 대화	
	A：请问这两位同学可以简单对话练习一下吗？	B：好的，老师。
	A：你是通过什么方式和他对话的？	B：我是通过手机短信方式和他对话的。
	A：那只小狗能听懂主人的话吗？	B：是的，小狗正在用动作和主人对话。
	A：你和中文老师经常用汉语对话还是用韩语对话？	B：中文。
96 对面 duì miàn	맞은편. 건너편. 반대편.	
	A：对面那栋楼里有什么？	B：对面那栋楼里有一个大型超市。
	A：你对面是谁？	B：我对面是我的老师。
	A：你家在哪里？	B：我家就在中文学院的对面。
97 顿 dùn	잠시 멈추다. 잠깐 쉬다. / 끼, 차례	
	A：你一天吃几顿饭？	B：有时候吃两顿，有时候吃三顿。

	A：你爸爸一天吃几顿饭？ B：我爸爸每天吃三顿饭，一顿也少不了。
	A：你约我有什么事情吗？ B：为了感谢你上次的帮忙，今天我请你吃顿饭。
98 朵 duǒ	송이. 조각. 점. 꽃·구름이나 그와 비슷한 물건을 세는 단위 A：母亲节的时候，你给妈妈买花了吗？ B：每年母亲节，我都会送给妈妈一朵花。 A：求婚的时候，男人会买几朵花给女朋友？ B：男人会买999朵玫瑰花给女朋友。 A：天上飘着的白色的东西是什么？ B：是一朵朵的云。
99 而 ér	하지만 /...(하)고(도). 그리고. 뜻이 서로 이어지는 성분을 연결하여 순접을 나타냄 A：你在等谁？ B：我在等我的朋友，都超过约定时间了，而她还没有来。 A：你喜欢夏天还是冬天？ B：我都不喜欢，因为夏天很热，而冬天又很冷。
100 儿童 ér tóng	아동. 어린이. A：中国的儿童节是几月几号？ B：中国的儿童节是6月1号。 A：韩国的儿童节是几月几号？ B：韩国的儿童节是5月5号。 A：你还有儿童时候的照片吗？ B：我有很多儿童时候的照片。 A：你现在还过儿童节吗？ B：我现在还过儿童节，因为我要陪我的孩子一起过。
101 发 fā	보내다. 건네주다. 교부하다. 발급하다. 부치다. 발송하다. 치다. 내주다. A：你经常发电子邮件吗？ B：我不太经常发电子邮件。 A：你经常发短信吗？ B：我经常发短信。 A：你经常给谁发短信？ B：我经常给我的朋友们发短信。 A：你会发中文短信吗？ B：我会发中文短信，但是不经常发。 A：这是什么书？ B：这是老师发的新书。 A：你收到过超市发的宣传单吗？ B：我在超市门口收到过。
102 发生 fā shēng	(원래 없던 현상이) 생기다. 일어나다. 발생하다. 벌어지다. 출현하다. A：刚才外面发生了什么事情？ B：刚才有位客人来了。

		A：你家附近发生过火灾吗？B：我家住的小区就发生过火灾。 A：你还记得小时候发生的事情吗？B：我记得一些。 A：学校里发生了什么事情？B：学校的校长换了。
103	**发展** fā zhǎn	발전하다. A：你和家人在哪个城市发展？B：我和家人在仁川发展。 A：韩国什么时候发展得最快？B：韩国20世纪80年代发展得最快。 A：你想让孩子将来去哪里发展？B：我想让孩子去中国或美国发展。 A：一个人的全面发展包括哪些方面？B：包括德、智、体、美、劳全面发展。
104	**法律** fǎ lǜ	법률. A：你在学校学过法律知识吗？B：我大学读的法律专业。 A：你以后想学习法律吗？B：我以后想学习法律，因为我想做检察官。 A：你能说出一项违反交通法律的情况吗？B：开车闯红灯。 A：在法律面前，我们应该怎么做？B：我们应该知法、懂法、守法和护法。
105	**翻译** fān yì	번역하다. 통역하다. A：你能用汉语翻译"dream"是什么意思吗？B："dream"是梦想的意思。 A：你给爸爸妈妈做过中文翻译吗？B：我们去中国旅行的时候我给他们做过中文翻译。 A：你觉得学好中文可以做什么？B：可以做一位中韩翻译家。 A：你会翻译几国语言？B：我会翻译三国语言：中文，韩文和英文。
106	**烦恼** fán nǎo	번뇌하다. 걱정하다. 마음을 졸이다. 걱정스럽다. 근심스럽다. 고민스럽다. A：你上小学的时候，最大的烦恼是什么？B：我最大的烦恼是作业太多太难。 A：你有烦恼的时候会告诉别人吗？B：我会告诉我的妈妈。 A：你这个周生活上有什么烦恼？B：我最近太忙，没有时间打扫房间。 A：你烦恼的时候会做什么？B：我烦恼的时候会运动，听音乐或者吃东西。

107 **反对** fǎn duì	반대하다. 찬성[동의]하지 않다. A：孩子做什么事情时你会反对？B：孩子晚上回家很晚我会反对。 A：你做什么事情时妈妈会反对？B：我浪费饭菜的时候妈妈会反对。 A：你觉得家人反对的婚姻会幸福吗？B：我觉得不会幸福。 A：你反对FTA吗？B：我不反对FTA。
108 **反映** fǎn yìng	반영.(사람이나 물체의 형상을) 되비치다. 반사하다. A：这节课学生反映怎么样？B：学生们反映有一点难，但是很有意思。 A：孩子会经常向妈妈反映在学校的情况吗？B：我的孩子会经常跟我讲学校的事情。 A：为什么说《釜山行》这部电影反映了当时社会的现实？B：因为当时很多人感染了MERS。
109 **范围** fàn wéi	범위. A：这节课的学习范围是什么？B：这节课学习第10到15页。 A：明天天气会怎么样？B：听天气预报说，明天全国范围内都是晴天。 A：你和朋友聊天的范围是什么？B：我和朋友会聊学习、孩子、减肥等话题。
110 **方法** fāng fǎ	방법. 수단. 방식. A：从你家到学院有哪些方法？B：走路、骑自行车、开车或者坐公交车都可以。 A：你能说出学好中文的一种方法吗？B：多用中文练习日常会话。 A：从仁川去首尔有哪些好方法？B：可以坐地铁、坐公共汽车或者开车。
111 **方面** fāng miàn	방면. 부분. 분야. 영역. 측(면). 쪽. A：你觉得汉语学习包括哪几个方面？B：听、说、读、写。 A：你的孩子在哪方面比较优秀？B：我的孩子在绘画方面比较优秀。 A：你在家做饭还是洗衣服？B：这两方面我都要做。
112 **方向**	방향.

fāng xiàng	A：你知道我们背朝什么方向吗？B：我们背朝东方。	
	A：太阳每天从哪个方向升起，哪个方向落下？B：从东方升起，从西方落下。	
	A：你去旅游的时候会迷失方向吗？B：我经常会迷失方向。	
	A：迷失方向的时候怎么办？B：用指南针或者向别人求助。	
113 访问 fǎng wèn	방문하다. 회견하다. 취재하다. 인터뷰(interview)하다.	
	A：你什么时候会去访问亲戚？B：我一般春节的时候会去访问亲戚。	
	A：今天有几位客人来访问过？B：今天有三位客人来访问过。	
	A：你能帮我预约一下访问时间吗？B：请问今天下午5点可以吗？	
114 放弃 fàng qì	(권리나 주장·의견 등을) 버리다. 포기하다.	
	A：你想过放弃学习中文吗？为什么？B：我想过，因为中文太难了。	
	A：你放弃过出国留学的机会吗？B：我在大学的时候放弃过出国留学的机会。	
	A：你放弃过运动吗？B：运动虽然辛苦，但是我每天都会坚持运动。	
	A：你妈妈为了你放弃了什么？B：我妈妈为了我放弃了工作。	
115 放暑假 fàng shǔ jià	여름방학을 하다.	
	A：韩国几月份放暑假？B：韩国7月份放暑假。	
	A：今年放暑假的时候，你打算做什么？B：我打算去海外旅游。	
	A：韩国暑假一般放多长时间？B：韩国的暑假一般放一到两个月。	
116 ...分之... ...fēn zhī...	...분의...	
	A：十分之五是多少？B：十分之五是二分之一。	
	A：四分之一小时是多少分钟？B：四分之一小时是15分钟。	
	A：二分之一千克等于多少克？B：二分之一千克等于500克。	
	A：你们班有多少人买了这本书？B：70%的人买了。	
	A：韩国有多少人住在首尔？B：有大概20%的人住在首尔。	

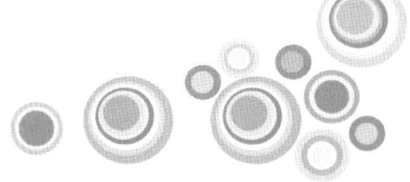

		A：这部电视剧的收视率是多少？B：这部电视剧的收视率在20%左右。
117 份 fèn	전체 중의 일부분. ...의 부분. 몫. 배당.	
	A：你一顿饭能吃几份米饭？B：我一顿饭能吃两份米饭。	
	A：你的书上有几份考题？B：我的书上有三份考题。	
	A：你上班的路上会做什么？B：我上班的路上会买一份早餐。	
	A：你能帮我复印一份材料吗？B：好的，没问题。	
118 丰富 fēng fù	많다. 풍부하다. 넉넉하다. 풍족하다.	
	A：你觉得谁的想象力丰富？B：我觉得儿童的想象力丰富。	
	A：你觉得谁的知识丰富？B：我觉得老师的知识丰富。	
	A：你觉得谁的经验丰富？B：我觉得长辈的经验丰富。	
	A：你觉得哪儿的石油资源最丰富？B：我觉得中东的石油资源最丰富。	
119 风景 fēng jǐng	풍경. 경치.	
	A：你觉得这附近的风景美吗？B：我觉得这附近的公园风景很美。	
	A："你站在桥上看风景，看风景的人在楼上看你。"出自哪首诗？B：卞之琳的《断章》。	
	A：你喜欢哪儿的风景？B：我喜欢欧洲瑞士的风景。	
120 否则 fǒu zé	만약 그렇지 않으면.	
	A：请大声读一下课文，否则老师听不清楚。B：好的，老师。	
	A：今天会下雨吗？B：你还是带着伞吧，否则很可能会被淋湿的。	
	A：你的孩子听你的话吗？B：我的孩子很听话，否则我会很生气的。	
121 符合 fú hé	부합[상합]하다. (들어)맞다. 일치하다.	
	A：这件衣服符合你的心意吗？B：是的，这是我最喜欢的一件衣服。	
	A：你今天做的饭符合你的胃口吗？B：是的，我今天做的饭很好吃。	
	A：你做过符合HSK中级考试标准的题吗？B：我以前做过，但是有点难。	

122 富 fù	많다. 풍부하다. 넉넉하다. A：一个善良的人有什么特点？B：善良的人待人真诚，并且富有同情心。 A：你觉得内心富有和物质富有哪个更重要？B：我觉得内心富有更重要。 A：你觉得怎样才能成为一个富有的人？B：每天进步一点点，总有一天会变得很富有。 A：韩国年轻富豪多吗？B：韩国年轻富豪很多，但多数是富二代。
123 父亲 fù qīn	부친. 아버지. A：你父亲从事什么职业？B：我父亲是一位企业家。 A：你父亲现在在做什么？B：我父亲现在在上班。 A：你觉得父亲的爱像什么？B：我觉得父爱如山，高大而深厚。 A：你爱你的父亲吗？B：我爱我的父亲。
124 复印 fù yìn	(복사기로) 복사하다. A：你经常复印吗？B：我不经常复印。 A：你什么时候需要复印？B：我想复印身份证的时候需要复印。 A：你喜欢黑白复印还是彩色复印？B：我喜欢彩色复印。 A：你家里有复印机吗？B：我家里有复印机。 A：你学校里有复印机吗？B：我学校里有复印机。
125 复杂 fù zá	(사물의 종류나 두서가) 복잡하다. A：考试的时候你喜欢先做简单的问题还是先做复杂的问题？B：简单的问题。 A：你会做复杂一点的饭吗？B：我只会做煮拉面、蛋炒饭等简单的饭。 A：你怎样处理复杂的问题？B：我觉得把复杂的问题简单化会更容易解决问题。 A：你觉得社会复杂吗？B：我觉得社会很复杂。 A：你觉得什么很复杂？B：我觉得人际关系很复杂。
126 负责	책임지다.

	fù zé	A：学习的事情应该谁来负责？ B：学习的事情只能自己负责。 A：在你家里谁负责打扫房间？ B：主要是妈妈负责打扫房间。 A：你觉得你现在能负责的是什么？ B：我能负责的是我的健康和生活。 A：你们班今天谁负责打扫卫生？ B：今天2组负责打扫卫生。
127 改变 gǎi biàn		변하다. 바꾸다. 달라지다. A：你觉得你的汉语水平有改变吗？ B：我觉得我的汉语水平提高了。 A：你觉得你的穿衣风格改变了吗？ B：我觉得我工作以后，穿衣风格改变了。 A：你现在最想改变什么？ B：我最想改变我不吃早饭的习惯。 A：你的孩子什么时候改变最大？ B：他上大学以后改变最大。 A：比起10年前，你有哪些改变？ B：我变成熟了。
128 干杯 gān bēi		건배하다. 잔을 비우다. 축배를 들다.[술을 권하거나 축배를 들 때 쓰임] A：你会为了什么干杯？ B：我会为了成功干杯！ A：你会和谁一起干杯？ B：我会和家人或者朋友一起干杯！ A：干杯的时候，你会说什么？ B：我会说："为了……干杯！"
129 干燥 gān zào		건조하다. A：你觉得今天天气干燥吗？ B：今天刮大风，天气有点干燥。 A：你见过食品干燥剂吗？ B：我在饼干包装袋内见过食品干燥剂。 A：头发干燥的话怎么办？ B：头发干了以后用发油可以防止干燥。 A：最近你的皮肤干燥吗？ B：还好，不太干燥。 A：房间里很干燥的话该怎么办？ B：可以用加湿器。
130 感动 gǎn dòng		감동하다. 감동되다. 감격하다. A：最近最让你感动的事情是什么？ B：孩子努力学习的样子感动了我。 A：你能说出一部最让你感动的电视剧或电影吗？ B：《秋天的童话》。

	A：你做过的最让妈妈感动的事情是什么？B：10岁的时候第一次帮妈妈做饭。
	A：你会因为什么感动？B：我会因为别人一句温暖的话感动。
131 感觉 gǎn jué	감각. 느낌. A：你感觉现在冷不冷？B：我感觉不冷。 A：你感觉今天的课难吗？B：我感觉还可以。 A：感冒的时候你的身体会有什么感觉？B：我的身体会一直感觉很冷。
132 感情 gǎn qíng	감정. A：你觉得动物也有感情吗？B：我觉得动物虽然不会说话，但是也有感情。 A：你喜欢通过什么方式表达自己的感情？B：我喜欢用文字表达自己的感情。 A：我们和家人的感情叫什么？B：亲情。 A：我们和朋友的感情叫什么？B：友情。 A：你是一个重感情的人吗？B：我是一个很重感情的人。
133 感谢 gǎn xiè	고맙다. 감사하다. 고맙게 여기다. A：你想感谢谁？B：我想感谢家人、朋友和老师。 A：你会买什么礼物感谢妈妈？B：我会买一件衣服或者一朵花给妈妈。 A：你会买什么礼物感谢爸爸？B：我会买一条领带感谢爸爸。 A：你最感谢哪个老师？B：我最感谢我的中文老师。
134 干 gàn	(사물의) 주요 부분. 주체. 줄기./…을 하다. A：这本书的主干内容是什么？B：汉语日常会话。 A：你在家里喜欢干什么家务活？B：我喜欢洗衣服，不喜欢刷碗。 A：你在干什么？B：我在做作业呢。 A：你刚才在干嘛呢？B：我刚才在玩儿手机呢。 A：你的邻居是干什么的？B：听说是个卖水果的。

135 **刚刚** gāng gāng	지금 막. 방금. 막. 이제 금방. 방금 전.	
	A：我们刚刚学习了什么？B：我们刚刚学习了HSK 4级单词。	
	A：你几点来的？B：我刚刚到。	
	A：你刚刚和谁说话了？B：我刚刚和我的老师说话了。	
136 **高级** gāo jí	(품질 또는 수준 등이) 고급의.	
	A：你希望自己的汉语水平达到什么程度？B：我希望达到高级汉语水平。	
	A：人类和动物的区别是什么？B：人类是高级的动物。	
	A：高中是什么意思？B：高中就是高级中学的意思。	
137 **各** gè	각자. 각. 여러. 갖가지. 여러 가지	
	A：你们家各人洗各人的衣服吗？B：不是的，我们的衣服都是妈妈帮忙洗的。	
	A：你和朋友在一起的时候会各玩各的手机吗？B：我们会一起聊天，不玩手机。	
	A：爸爸妈妈下班后会各自回家吗？B：是的，爸爸和妈妈各自开车回家。	
138 **个子** gè zi	(사람의) 키. 체격.	
	A：你和妈妈谁的个子更高？B：我的个子更高一点。	
	A：你希望自己的个子有多高？B：我希望我的个子有170cm。	
	A：你家谁的个子最高？B：我爸爸的个子最高。	
	A：你个子多高？B：我一米六零。	
139 **公里** gōng lǐ	킬로미터(km).	
	A：一公里等于多少千米？B：一公里等于一千米。	
	A：你一次能走几公里路？B：我一次能走两公里路。	
	A：从家到学院有几公里？B：大概有一公里。	
	A：你参加的马拉松是多少公里的？B：我参加的马拉松是1万公里的。	
140 **工具**	공구. 작업 도구.	

gōng jù	A：你上班的时候使用什么交通工具？B：我坐公共汽车上班。 A：你使用什么打扫卫生？B：我使用清洁工具打扫卫生。 A：你有工具书吗？B：我有一本中韩词典。	
141 工资 gōng zī	월급. 임금. 노임. A：你每个月几号发工资？B：我每个月30号发工资。 A：你爸爸的工资高还是妈妈的工资高？B：我爸爸的工资更高。 A：刚领工资后，你会做什么？B：我会给妈妈买一份礼物。	
142 共同 gòng tóng	공동의. 공통의. A：你和朋友有共同的爱好吗？B：我和朋友都喜欢运动。 A：你和家人共同生活多少年了？B：我和家人共同生活20年了。 A：这部电影给大家的共同感受是什么？B：这部电影让我们都很感动。	
143 够 gòu	충분하다. 필요한 수량·기준 등을 만족시키다. A：你中午吃一碗米饭够吗？B：我中午吃一碗米饭正好。 A：给你10分钟时间复习上节课学习的内容够吗？B：嗯好的。 A：教室里够暖和吗？B：有点冷，可以打开空调吗？	
144 购物 gòu wù	물품을 구입하다. 물건을 사다. A：你喜欢和谁一起购物？B：我喜欢和朋友一起购物。 A：你喜欢网上购物吗？B：我很喜欢。 A：你一周购几次物？B：我一周购1次物。 A：你一般什么时候去购物？B：我一般周末的时候去购物。 A：你家周围有大型购物中心吗？B：我家周围有一个大型超市。	
145 孤单 gū dān	외톨이이다. 외롭다. 쓸쓸하다. 고적하다. 고독하다. A：你什么时候感觉很孤单？B：家人都上班了，我自己在家的时候感觉很孤单。	

	A：你孤单的时候会做什么？B：我会听音乐和运动。	
	A：家人为什么把奶奶送去了敬老院？B：因为怕她自己在家会孤单。	
146 估计 gū jì	추측하다. 예측하다. 어림잡다. 헤아리다. 짐작하다. A：你估计还有几分钟下课？B：我估计还有10分钟下课。 A：你估计今天能学几课内容？B：我估计今天能学两课内容。 A：你估计太阳今天几点落山？B：我估计太阳今天6点落山。	
147 鼓励 gǔ lì	격려하다.(용기를) 북돋우다. A：你希望得到谁的鼓励？B：我希望得到老师的鼓励。 A：妈妈会鼓励你做什么？B：妈妈会鼓励我好好学习。 A：你的中文说得非常好。B：谢谢老师的鼓励。	
148 鼓掌 gǔ zhǎng	손뼉을 치다. 박수하다. A：他的中文演讲非常精彩！B：我们大家鼓掌祝贺一下！ A：你什么时候会鼓掌？B：我看到很好的表演会鼓掌。 A：你为家人鼓掌过吗？B：家人过生日的时候我会为他一边鼓掌一边唱生日歌。	
149 顾客 gù kè	고객. 손님. A：你是哪里的Vip顾客？B：我是那家超市的Vip顾客。 A：我们应该怎样对待顾客？B：我们应该热情服务顾客。	
150 故意 gù yì	고의로. 일부러. A：你为什么故意把声音变大了？B：因为我想让全班同学都听到我的回答。 A：你为什么故意把手机放到前面？B：因为我怕看不到有人给我打电话。 A：周围有故意和你吵架的人吗？B：我的妹妹经常故意和我吵架。	
151 挂 guà	걸다. (물체 표면에) 붙어 있다. 덮여 있다. 띠고 있다. 칠해져 있다. 발라져 있다. A：你怎么突然挂电话了？B：我的手机没电了。	

	A：这幅画挂在这里好看吗？B：好看。	
	A：你家有几个房间挂着窗帘？B：我家卧室和客厅挂着窗帘。	
	A：教室里挂着几个窗帘？B：教室里挂着3个窗帘。	
	A：你家的墙上挂着几幅画？B：我家的墙上挂着三幅画。	
152 关键 guān jiàn	관건(의). 열쇠. 키포인트.	
	A：学好中文的关键是什么？B：多练习说中文。	
	A：高中学习关键是哪一年？B：关键是高三一年。	
	A：成功的关键是什么？B：日复一日的坚持。	
153 观众 guān zhòng	관중. 구경꾼. 시청자.	
	A：周末电影院的观众多吗？B：周末电影院的观众很多。	
	A：那些观众在看什么？B：他们在观看篮球比赛。	
	A：你去演唱会的现场当过观众吗？B：我去白智英的演唱会现场当过观众。	
154 管理 guǎn lǐ	보관하고 처리하다. 관리하다. 관할하다.	
	A：你怎样管理自己的学习和生活？B：我会提前写好计划表。	
	A：你觉得怎样才能成为一名管理者？B：首先要严格要求自己。	
	A：你每月怎样管理自己的工资？B：我每月把工资存到银行。	
155 光 guāng	빛. 광선.	
	A：你喜欢什么季节的阳光？B：我喜欢秋天的阳光。	
	A：教室里的灯光刺眼吗？B：教室里的灯光很柔和。	
	A：什么时候的月光最亮？B：中秋节那天晚上的月光最亮。	
156 广播 guǎng bō	방송하다.	
	A：你喜欢听什么广播？B：我喜欢听音乐广播。	
	A：学生什么时候做广播体操？B：每天上午两节课后做广播体操。	

	A：机场大厅内每天广播什么？B：机场大厅内每天广播飞机航班信息。	
157 广告 guǎng gào	광고. 선전. A：你喜欢看什么电视广告？B：我喜欢看化妆品电视广告。 A：外面墙上贴的什么？B：外面墙上贴的是各种广告信息。 A：广告的作用是什么？B：广告可以更好地宣传产品。 A：让你印象最深的广告是哪个？B：是一个饮料广告。	
158 逛 guàng	거닐다 A：你喜欢逛街吗？B：我很喜欢逛街。 A：你经常去哪里逛？B：我经常去大型商场逛。 A：晚饭后你会出去逛一逛吗？B：晚饭后我会去公园逛一逛。	
159 规定 guī dìng	규정하다. 정하다. A：小河边的牌子上写的什么规定？B："禁止游泳"。 A：这次考试规定时间是多少？B：30分钟。 A：垃圾回收处写有什么规定？B："分类回收"。	
160 国际 guó jì	국제. A：仁川是怎样的城市？B：仁川是一个国际城市。 A：英语是怎样的语言？B：英语是国际通用语言。 A：奥林匹克运动是什么？B：奥林匹克运动是最大的国际性体育竞赛。	
161 果然 guǒ rán	과연. 생각한대로 A：天气预报说今天会下雨。B：现在外面果然下雨了。 A：我说过这个水太凉喝了会拉肚子。B：我喝了果然拉肚子了。 A：听说他生病了，今天不能来上课了。B：他果然没来上课。	
162 过	가다. 건너다. (지점을) 지나다. 경과하다.	

	guò	A：你去过北京吗？B：我很想去，但是还没有去过。 A：你来上课前吃过饭吗？B：我吃过饭了。 A：你今天运动过吗？B：还没有，我准备下课后去运动。
163 过程 guò chéng		과정. A：你觉得学习汉语的过程有意思吗？B：我觉得学习汉语的过程很有意思。 A：你觉得过程和结果哪个更重要？B：我觉得很多事情过程比结果重要。 A：你觉得人的成长过程中什么最重要？B：我觉得关爱最重要。
164 海洋 hǎi yáng		해양. 바다. A：韩国位于哪个海洋？B：韩国位于太平洋海域。 A：地球上有几大海洋？B：四大海洋：大西洋、太平洋、印度洋和北冰洋。
165 害羞 hài xiū		부끄러워하다. 수줍어하다. 쑥스러워하다. 창피스러워하다. A：你是容易害羞的人吗？B：我见到陌生人的时候会容易害羞。 A：你害羞的时候会有什么表现？B：我害羞的时候脸蛋会红得像红苹果。 A：你知道有一种很害羞的草叫什么名字吗？B：含羞草。
166 寒假 hán jià		겨울 방학. A：韩国几月份开始放寒假？B：韩国1月左右开始放寒假。 A：放寒假的时候，你会做什么？B：我会学习汉语。 A：你喜欢放暑假还是放寒假？B：我都喜欢。
167 汗 hàn		땀. A：你的额头怎么流了这么多汗？B：我今天穿得有点多，太热了。 A：你跑步的时候会流汗吗？B：我跑步二十分钟后就会流汗。 A：汗水是什么味道？B：汗水是酸酸的味道。
168 航班		(배나 비행기의) 운항편. 항공편.

háng bān	A：你几点的航班？ B：下午3点半的航班。	
	A：今天去北京还有几个航班未出发？ B：还有两个航班。	
	A：航班因天气原因延误怎么办？ B：乘客需要在机场耐心等待。	
169 **好处** hǎo chù	이로운 점. 이점. 장점. 좋은 점. 뛰어난 점. 은혜. 도움. 혜택.	
	A：学好汉语有什么好处？ B：学好汉语可以去中国工作。	
	A：早睡早起有什么好处？ B：早睡早起有利于身体健康。	
	A：遇事"三思而后行"有什么好处？ B："三思而后行"会减少失误。	
170 **好像** hǎo xiàng	마치 ...과 같다[비슷하다]	
	A：好像最近都没见到你。 B：是的，我和家人去美国旅游刚回来。	
	A：这杯水能喝了吗？ B：好像还很烫，等一会再喝。	
	A：你认识那个人吗？ B：我以前好像和他一起学过汉语。	
171 **号码** hào mǎ	번호. 숫자.	
	A：你能记住你的护照号码吗？ B：我只能记住前四位号码。	
	A：你有中国的手机号码吗？ B：我来韩国后，取消了中国手机号码。	
	A：你能记住爸爸妈妈的手机号码吗？ B：我能记住爸爸妈妈的手机号码。	
172 **合格** hé gé	규격[표준]에 맞다. 합격이다.	
	A：你觉得现在考HSK1级考试你能合格吗？ B：我觉得我可以。	
	A：你觉得怎样才能做一名合格的学生？ B：勤学好问，尊师重教。	
	A：你觉得怎样才能做一名合格的公民？ B：遵纪守法，爱国敬业。	
173 **合适** hé shì	적당[적합]하다. 알맞다.	
	A：这件衣服看起来很适合你，你穿着很合适。 B：谢谢，这是我妈妈给我买的。	
	A：你觉得什么工作对你比较合适？ B：我觉得我比较适合教师的工作。	
	A：你觉得什么时候运动最合适？ B：我觉得早上起床后或者晚上睡觉前。	

174 盒子 hé zi	상자. 합. 곽.	
	A：这个盒子里是什么？	B：这个盒子里是各种各样的笔。
	A：盒子可以用来装什么？	B：食物，衣服，化妆品等。
	A：不用的盒子你会直接扔掉吗？	B：我会用来装垃圾。
175 猴子 hóu zi	원숭이.	
	A：你喜欢猴子吗？	B：我喜欢小猴子。
	A：你去动物园看过猴子吗？	B：我去首尔的动物园看过猴子。
	A：你觉得猴子聪明吗？	B：我觉得猴子虽然不会说话，但是很聪明。
176 厚 hòu	두껍다. 두텁다.	
	A：这是什么书这么厚啊？	B：这是我的中韩词典。
	A：你穿这么厚热不热啊？	B：我感冒了，所以不觉得热。
	A：中国黑龙江有多冷？	B：冬天湖面会结厚厚的冰。
177 后悔 hòu huǐ	후회하다. 뉘우치다.	
	A：你有过后悔的时候吗？	B：我后悔小时候没有多读书。
	A：你觉得怎样才能减少后悔的事情？	B：凡事"三思而后行"。
	A：你后悔做过什么事情？	B：我后悔年轻的时候没有努力学习和工作。
	A：你后悔没做过什么事情？	B：我后悔年轻的时候没去世界旅行。
	A：你后悔跟他结婚吗？	B：我不后悔。
178 后来 hòu lái	그 후. 그 뒤. 그 다음.	
	A：那位老师是中国人你知道吗？	B：我后来才知道的。
	A：老师讲的那句话你听明白了吗？	B：我当时没明白，后来慢慢想明白了。
179 忽然 hū rán	갑자기. 홀연. 별안간. 돌연. 문득. 어느덧	
	A：天怎么突然变暗了？	B：好像要马上下大雨。

		A：你怎么忽然不说话了？B：我在想这个单词是什么意思。
		A：教室怎么忽然变黑了？B：不好意思，我不小心碰到灯的开关了。
180 **护士** hù shi	간호사.	
		A：你觉得怎样的人适合做护士？B：耐心、仔细、有爱心的人。
		A：你的朋友或亲戚中有做护士工作的吗？B：我的表妹是一名护士。
		A：你知道护士的昵称是什么吗？B："白衣天使"。
181 **互相** hù xiāng	서로. 상호	
		A：请问你们两个人可以互相用中文对话一下吗？B：好的。
		A：新年的时候大家会互相做什么？B：大家会互相祝福"新年快乐"！
		A：朋友之间最重要的是什么？B：互相尊重和互相帮助。
182 **怀疑** huái yí	의심하다. 의심을 품다. 회의하다.	
		A：当你做一件事情总是失败的时候你会怀疑自己的能力吗？B：不会。
		A：她今天怎么没来上课？B：我怀疑她生病了，不然她不会不来的。
		A：厨房里的那块肉怎么没了？B：我怀疑是被小狗给吃了。
		A：你觉得怀疑也是一种能力吗？B：我觉得怀疑也是一种重要的能力。
183 **回忆** huí yì	회상하다. 추억하다.	
		A：你能回忆起小学五年级的班主任老师吗？B：我忘记那位老师的名字了。
		A：你为什么走神了？B："北京"这个单词让我回忆起那年去北京旅游的情景了。
		A：你能说出一个美好的回忆吗？B：我和家人去海外旅游是个很美好的回忆。
184 **活动** huó dòng	(몸을) 움직이다. 운동하다. 놀다.	
		A：今天你有什么活动吗？B：我和朋友约好晚上去看电影。
		A：你在学校的时候喜欢参加什么活动？B：我喜欢参加唱歌比赛活动。
		A：晚饭后你会做什么？B：我会和家人去公园活动活动。

185 **活泼** huó po	활발하다. 활달하다. 활기차다. 생동감이 있다. A：你喜欢活泼点的孩子还是安静点的孩子？B：我喜欢活泼点的孩子。 A：你喜欢听什么类型的音乐？B：我喜欢听活泼一点的音乐。 A：你为什么喜欢小白兔？B：因为小白兔活泼又可爱。
186 **火** huǒ	불 A：你觉得火是什么颜色的？B：我觉得火是红黄色的。 A：你怕火吗？B：我很怕火。 A：火最怕什么？B：火最怕水。 A：夏天的太阳像什么？B：夏天的太阳像一个火球。 A：着火的时候应该怎么办？B：应该拨打119。 A：你家里有灭火器吗？B：我家里有灭火器。 A：你会用灭火器吗？B：我不会用。
187 **获得** huò dé	얻다. 취득하다. 획득하다. 손에 넣다. A：HSK1级考试你获得了100分，恭喜！B：谢谢老师！ A：你想在HSK考试中获得怎样的成绩？B：我想在HSK中级考试中合格。 A："赠人玫瑰，手留余香"是什么意思？B：帮助别人的同时，自己也获得了快乐。
188 **基础** jī chǔ	(건축물의) 토대. 기초 A：你的汉语基础好吗？B：我以前学过两年，有一定的基础。 A：你觉得什么是汉语的基础？B：拼音和汉字。 A：你认为一道美味料理的基础是什么？B：调味。
189 **激动** jī dòng	(감정 등이) 격하게 움직이다. 감격하다. 감동하다. 흥분하다. A：你怎么看起来这么激动？B：因为老师在讲我喜欢的明星的故事。 A：如果你能考过HSK高级考试你会怎么样？B：我会激动得跳舞。

	A：最让你激动的事情是什么？B：我考上了大学。	
	A：你什么时候激动得没睡着觉？B：我买新车的前一天晚上激动得没睡着觉。	
190 积极 jī jí	적극적이다. 열성적이다. 의욕적이다. 진취적이다. A：他的汉语为什么进步那么快？B：因为他总是积极回答老师的问题。 A：你为什么每天都很积极学汉语？B：因为我半年后要去北京大学读书。 A：你为什么工作这么积极？B：因为我热爱我的工作。 A：你喜欢积极向上的人吗？B：我喜欢积极向上的人。 A：积极的反义词是什么？ B：消极。 A：你的周围有没有生活很积极的人？B：我的爸爸。	
191 积累 jī lěi	(조금씩) 쌓이다. 누적되다. 축적되다. A：你知道怎样才能成功吗？B：积累每一天的进步，终有一天会成功的。 A：丰富的阅历可以积累什么？B：丰富的经验。 A：她中文为什么说得那么好？B：因为她平时学习时积累了很多单词。	
192 极其 jí qí	아주.(지)극히. 몹시. 매우. 대단히. 극도로 [다음절 형용사·동사만 … A：你觉得这节课有意思吗？B：我觉得这节课极其有意思。 A：明洞周末人多吗？B：明洞周末人极其多。 A：他是一个怎样的人？B：他是一个极其负责的人。	
193 集合 jí hé	집합하다. 모이다. A：请问参加汉语演讲比赛的学生在哪里集合？B：在中文学院集合。 A：体育比赛选手在哪里集合？B：在学校操场集合。 A：员工在哪里集合开会？B：在公司会议室。	
194 及时 jí shí	즉시. 시기 적절하다. 때가 맞다. A：那道题你做对了吗？B：是的，在考试结束前我及时修改为正确答案了。	

	A：刚才横穿马路的小狗没事吗？B：幸亏司机及时刹车，救了小狗一命。	
	A：那场火灾有人受伤吗？B：幸亏消防人员及时赶到灭火，无人受伤。	
195 **即使** jí shǐ	설령 …하더라도[할지라도·일지라도]. [가설 겸 양보를 나타내며, 흔히 '也… A：即使下雨你也会做什么？B：即使下雨我也会来上课。 A：即使给你钱你也不会做什么？B：即使给我钱我也不会欺骗我的家人。 A：即使心情再不好你也会做什么？B：即使心情再不好我也会吃饭。	
196 **寄** jì	(우편으로) 부치다. 보내다. 우송하다. 송달하다. A：你会给谁寄礼物？B：我会给朋友寄礼物。 A：从北京到上海寄东西大概几天能到？B：一般得3天。 A：网上买的东西一般几天寄到家？B：两到三天。 A：你经常用快递寄东西吗？B：我经常用快递寄东西。 A：你往中国寄过东西吗？B：还没寄过。	
197 **记者** jì zhě	기자 A：你喜欢去哪个国家当记者？B：我喜欢去中国当记者。 A：你喜欢当哪方面的记者？B：我喜欢当一名摄影记者。 A：你去过明星的记者招待会吗？B：我没有去过。	
198 **计划** jì huà	계획하다. 기획하다. 꾸미다.…할 계획이다. A：你这个月的汉语学习计划是什么？B：把一级书全部学完。 A：你今年计划去哪里旅游？B：我计划去中国北京旅游。 A：你计划什么时候考HSK考试？B：我计划下半年考HSK中级考试。 A：你有减肥或者运动计划吗？B：我有一边减肥，一边运动的计划。 A：你计划什么时候去中国？B：我还没计划过呢。	
199 **既然**	기왕… 했으니. …된 바에야. …인[된] 이상. …만큼. [흔히 '就(jiù)'·'也(yě)…'	

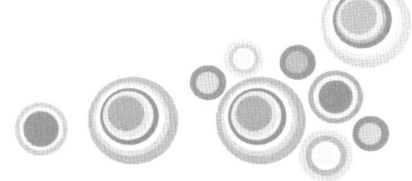

jì rán	A：既然决定要学好汉语那么应该怎么做？B：每周坚持来中文学院上课。	
	A：既然不明白那个问题那么应该怎么做？B：虚心向老师请教。	
	A：既然想挣钱那么就应该怎么做？B：应该努力工作。	
200 技术 jì shù	기술. A：你觉得汉语是一门技术吗？B：我觉得汉语是一门外语技术。 A：你想学一门什么技术？B：我想学一门做美食的技术。 A："技多不压身"是什么意思？B：学的技术越多，人的社会生存能力就会越强。	
201 继续 jì xù	계속하다. 끊임없이 하다. A：你想休息一会儿还是继续上课？B：我想继续上课。 A：如果你变瘦了，会继续运动吗？B：为了健康，我会每天坚持运动。 A：吃完晚饭，你会继续学习吗？B：吃完晚饭，我会继续学习两个小时。	
202 家具 jiā jù	가구. A：你能举例说一下家具有哪些吗？B：沙发，床，书桌等。 A：你家的家具是什么颜色的？B：我家的家具是白色的。 A：你家的家具什么时候买的？B：我家的家具是爸爸妈妈结婚的时候买的。	
203 加班 jiā bān	초과 근무를 하다. 시간 외 근무를 하다. 특근하다. 잔업하다. A：你什么时候会加班？B：我工作没有做完的时候会加班。 A：你一般加班到几点？B：我一般加班到晚上9点。 A：你爸爸经常加班吗？B：我爸爸经常加班。 A：加班的时候有加班费吗？B：有的公司有加班费，有的公司没有加班费。	
204 加油站 jiā yóu zhàn	주유소 A：你知道附近有加油站吗？B：附近好像没有加油站。 A：在加油站周围禁止做什么？B：在加油站周围禁止吸烟。	

	A：韩国哪家加油站最大？B：SK的加油站最大。 A：中国哪家加油站最大？B：中石油和中石化的加油站最大。	
205 假 jiǎ	거짓의. 가짜의. 위조의. 인조의. 모조의. A：你收到过假钱吗？B：我在市场买东西的时候，收到过假钱。 A：你想带假发吗？B：我想带黄色的假发。 A：你买到过假货吗？B：我买到过假货。	
206 价格 jià gé	가격. 값. A：你知道苹果的价格是多少吗？B：一斤苹果5千韩元。 A：买东西的时候你会讲价吗？B：我妈妈会讲价。 A："性价比高"是什么意思？B：就是"性能很好，但是价格不高"的意思。	
207 坚持 jiān chí	견지하다. 굳건히 보지하다. 어떤 상태나 행위를 계속 지속하게 하다. 고집하다. A：你每天坚持学习什么？B：我每天坚持学习汉语。 A：你能坚持每天早上6点起床吗？B：我不能坚持每天早上6点起床。 A：你现在坚持运动吗？B：我没能坚持运动，因为太忙了。 A：你们家谁一直坚持运动？B：我爸爸一直坚持运动。	
208 减肥 jiǎn féi	살을 빼다.다이어트하다. A：你觉得自己需要减肥吗？B：我觉得我需要减肥。 A：你吃过减肥药吗？B：我没有吃过减肥药。 A：你觉得减肥最重要的是什么？B：我觉得减肥最重要的是少吃和多运动。	
209 减少 jiǎn shǎo	감소하다. 줄다. 줄이다. 축소하다. 삭감하다. A：你最近饭量怎么减少了？B：我最近在减肥。 A：怎样可以减少食物浪费？B：吃多少买多少。	
210 将来	장래. 미래	

jiāng lái	A：你将来想做什么？	B：我将来想做一名中文老师。
	A：将来你想在哪个城市工作？	B：将来我想在仁川工作。
	A：你父母希望你将来做什么？	B：父母希望我将来去大公司工作。
211 奖金 jiǎng jīn	상금. 보너스	
	A：你得到过奖学金吗？	B：我在大学的时候得到过奖学金。
	A：爸爸在公司工作的时候得到过奖金吗？	B：得到过。
212 降低 jiàng dī	내리다. 낮추다. 인하하다. 절하하다. 줄이다.	
	A：你为什么降低了声音？	B：因为这个单词我不太会读。
	A：她怎么还没有嫁人？	B：她眼光太高，从来不降低择偶标准。
	A：公司一般怎么降低成本？	B：公司一般靠加快工作速度来降低成本。
	A：我爸爸是高血压，怎么样才能降低血压？	B：多散步，多听慢的音乐有利于降低血压。
213 交 jiāo	서로 교차하다. 서로 맞닿다. 사귀다.	
	A：你喜欢交什么样的朋友？	B：我喜欢交和我的兴趣爱好相同的朋友。
	A：三角形有几个交点？	B：三角形有三个交点。
	A：你和你的丈夫/妻子交往了多长时间后结的婚？	A：我们交往了一年才结婚。
	A：怎么样提高交际能力？	A：多微笑，多握手，多换位思考对提高交际能力很有帮助。
214 交流 jiāo liú	서로 소통하다. 교류하다.(정보 따위를) 교환하다.	
	A：你经常和家人交流自己的想法吗？	B：我经常和家人交流自己的想法。
	A：你去外国可以和外国人交流吗？	B：我可以和外国人交流。
	A：你能用中文和中国人交流吗？	B：我只能做一些简单的交流。
215 交通 jiāo tōng	교통.	
	A：你使用什么交通工具来学院？	B：我走路来学院。
	A：仁川和首尔哪个地方的交通更便利？	B：我觉得仁川的交通更便利。

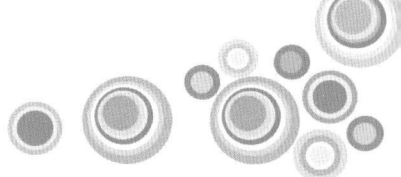

	A：你见过交通警察吗？B：我在路上见到过交通警察。	
	A：做交通警察累不累？B：我觉得很累，因为要经常在外面工作。	
216 骄傲 jiāo ào	오만하다. 거만하다. 자부심이 강하다. 교만하다. A：你做过最让妈妈骄傲的事情是什么？B：我考上了大学。 A：谦虚使人进步，骄傲是使人怎么样？B：骄傲使人落后。	
217 饺子 jiǎo zi	만두. 교자. 쟈오즈 A：你喜欢吃什么馅的饺子？B：我喜欢吃猪肉白菜馅的饺子。 A：你们家一般直接包饺子吃还是买速冻饺子吃？B：我们家一般买速冻饺子吃。	
218 教授 jiào shòu	교수. A：你认识几位教授？B：我认识三位教授。 A：你觉得成为一名教授难吗？B：我觉得成为一名教授很不容易。	
219 教育 jiào yù	교육. A：老师的职责是什么？B：老师的职责是教育学生。 A：你觉得家庭教育和学校教育哪个更重要？B：我觉得都重要。	
220 接受 jiē shòu	받아들이다. 받다. 수락하다. 접수하다. 영수하다. A：你愿意接受别人的帮助吗？B：我愿意接受别人的帮助。 A：你会接受朋友的道歉吗？B：如果对方真心道歉，我会接受的。	
221 结果 jié guǒ	결과. 결실. 열매. 성과. 결론. 끝. A：你觉得过程重要还是结果重要？B：我觉得过程和结果都重要。 A：高考后多久可以出结果？B：大概一个月内可以出结果。	
222 节约 jié yuē	절약하다. 줄이다. 아끼다. A：怎样才能节约家庭用电？B：出门前随时记得关灯。	

		A：你为什么这么节约使用化妆品？B：因为这是朋友送给我的，我很珍惜。
223 解释 jiě shì		해석하다. 분석하다. 밝히다. 해명하다. A：你上课迟到的时候，会跟老师解释一下吗？B：我会跟老师解释一下迟到的原因。 A：你被别人误会的时候，会向对方解释一下吗？B：我被别人误会的时候会马上向对方解释。
224 尽管 jǐn guǎn		비록[설령] ...라 하더라도 ...에도 불구하고 [복문의 앞 구에 쓰여서 양보... A：尽管刮风下雨，你也会做什么？B：尽管刮风下雨，我也会来上课。 A：尽管价格很贵，你也会买什么？B：尽管价格很贵，我也会给家人买生日礼物。
225 紧张 jǐn zhāng		(정신적으로) 긴장해 있다. 불안하다. A：你上中文课的时候会紧张吗？B：我用中文回答问题的时候会紧张。 A：你紧张的时候会有什么表现？B：我紧张的时候手掌心会出汗。
226 进行 jìn xíng		앞으로 나아가다. 전진하다. 행진하다. 진행하(되)다. A：一节中文课进行多长时间？B：一节中文课进行一个半小时。 A：一学期进行几次大的考试？B：一学期进行两次大的考试，期中考试和期末考试。
227 禁止 jìn zhǐ		금지하다. 불허하다. A：妈妈禁止你做什么？B：妈妈禁止我晚上很晚回家。 A：上课的时候禁止做什么？B：上课的时候禁止玩手机。
228 精彩 jīng cǎi		뛰어나다. 훌륭하다. 근사하다. 멋지다. A：你觉得nbA篮球比赛精彩吗？B：我觉得很精彩。 A：舞台上演员表演很精彩时，观众会做什么？B：观众会鼓掌称赞。
229 精神 jīng shén		정신. A：我们为什么要多读书？B：因为书是精神粮食。 A：你什么时候精神压力比较大？B：快考试的时候我精神压力会比较大。

		A：发展经济需要人具备什么精神？B：人需要具备企业家精神和工匠精神。
230 **经济** jīng jì		경제. 국민 경제. A：经济的发展离不开什么？B：经济的发展离不开政治和文化的发展。 A：你为什么放弃了出国留学的机会？B：因为出国留学对我来说有经济负担。 A：韩国这两年经济发展得怎么样？B：发展得不错。
231 **经历** jīng lì		몸소 겪다. 체험하다. 경험하다. 경과하다. A：你的家人中谁的经历最丰富？B：我爸爸的经历最丰富。 A：你经历过重感冒吗？B：去年我经历过一次重感冒。
232 **经验** jīng yàn		경험. 체험. A：妈妈做饭为什么这么好吃？B：因为妈妈有几十年的做饭经验。 A：年轻人缺少什么？B：因为年轻, 缺少经验。 A：你有多少年的工作经验？B：我有十年的工作经验。
233 **京剧** jīng jù		경극.[중국 주요 전통극의 하나로, 18세기말 휘극(徽劇)과 한극(漢劇)이… A：你听过京剧吗？B：我在电视上听过。 A：京剧起源于哪里？B：京剧起源于北京。 A：你喜欢京剧吗？B：我不太喜欢京剧。
234 **警察** jǐng chá		경찰.[국가 사회의 공공질서와 안녕을 보장하고 국민의 안전과 재산을 보호하다… A：你觉得警察是怎样的人？B：我觉得警察是勇敢的人。 A：小偷被抓到后会送去哪里？B：小偷被抓到后会送去警察局。
235 **竟然** jìng rán		뜻밖에도. 의외로. 상상 외로. 놀랍게도 A：请问那位老师姓什么？我竟然记不清了。B：那位老师姓刘。 A：你妈妈刚才来过了, 你知道吗？B：我竟然不知道。

236 竞争 jìng zhēng	경쟁하다.	
	A：你为什么这么努力学习？B：因为高考竞争很激烈。	
	A：竞争对人有什么帮助？B：竞争可以使人进步。	
	A：韩国公务员考试竞争激烈吗？B：竞争非常激烈。	
237 镜子 jìng zi	거울.	
	A：你有几个镜子？B：我有两个镜子。	
	A：你每天在哪里照镜子？B：我在家里和洗手间照镜子。	
	A：你随身带着镜子吗？B：我随身带着镜子。	
	A：你一天照几次镜子？B：我一天照十几次镜子。	
238 究竟 jiū jìng	도대체, 결과	
	A：你究竟能不能学好汉语？B：我一定能学好汉语。	
	A：他为什么这么爱问问题？B：不管什么事，他总爱问个究竟。	
	A：你究竟想要去哪里？B：我也不知道。	
239 举办 jǔ bàn	거행하다. 개최하다. 열다.	
	A：你举办过Party吗？B：我过生日的时候在家里举办过生日Party。	
	A：你们学校每年举办几次运动会？B：我们学校每年举办两次运动会。	
240 拒绝 jù jué	(부탁·의견·선물 등을) 거절하다. 거부하다.	
	A：你吃饱饭后，会拒绝美食吗？B：我吃饱饭后也不会拒绝美食。	
	A：如果你被别人拒绝了，心情会怎么样？B：心情会很失落。	
	A：你拒绝过别人的邀请吗？B：我拒绝过朋友的邀请，因为那天我很忙。	
241 距离 jù lí	거리. 간격/(…로부터) 떨어지다.	
	A：你家和学校的距离远吗？B：我家和学校的距离不远。	
	A：你一次能跳一米远的距离吗？B：我一次不能跳一米远的距离。	

		A：这儿距离你家有多远？B：这儿距离我家有1千米左右。
242 开玩笑 kāi wán xiào	농담하다. 웃기다. 놀리다.	
	A：你喜欢和朋友开玩笑吗？B：我喜欢和朋友开玩笑。	
	A：今天会下黑色的雪是真的吗？B：我跟你开玩笑呢。	
243 看法 kàn fǎ	견해.	
	A：对于《秋天的童话》这部电视剧你的看法是什么？B：我觉得这部电视剧很悲伤。	
	A：你对天气预报有什么看法？B：我认为天气预报大部分时候是比较准的。	
244 考虑 kǎo lǜ	고려하다. 생각하다.	
	A：你买一件衣服之前会反复考虑吗？B：我会反复考虑。	
	A：你考虑好下课后去哪了吗？B：我下课后去见朋友。	
245 棵 kē	그루. 포기	
	A：你能看到外面有几棵树？B：我能看到外面有很多棵树。	
	A：做一盒泡菜需要几棵白菜？B：我觉得需要一棵白菜。	
	A：你住的小区有几棵树？B：我没数过，我觉得有几十棵。	
246 科学 kē xué	과학(적이다).	
	A：你觉得怎样运动更科学？B：我觉得每天坚持运动2个小时比较科学。	
	A：你能说出一些科学发明产品吗？B：电视，手机，电脑等。	
	A：你喜欢科学课吗？B：我喜欢科学课。	
	A：你想做科学家吗？B：我想做科学家。	
247 咳嗽 ké sou	기침하다.	
	A：你为什么一直咳嗽？B：我的嗓子有点发炎了。	
	A：你每次感冒都会咳嗽吗？B：我有时候咳嗽，有时候流鼻涕。	
	A：咳嗽的时候你妈妈会让你做什么？B：我妈妈会让我多喝水。	

		A：如果咳嗽得很严重，你会怎么办？B：我会去看医生，然后吃药。
248 可怜 kě lián		가련하다. 불쌍하다. A：你觉得没有主人的小狗可怜吗？B：我觉得没有主人的小狗很可怜。 A：你吃饱了吗？B：这家饭馆菜量少得可怜，我没有吃饱。 A：你觉得什么人最可怜？B：我觉得没有父母的人最可怜。 A：你帮助过可怜的人吗？B：我帮助过。 A："可怜之人必有可恨之处"是谁说的？B：是鲁迅说的。
249 可是 kě shì		그러나. 하지만. 그렇지만. [종종 앞에 '虽然'과 같은 양보를 나타내는 접… A：天气预报说今天晴天，可是怎么突然下雨了？B：天气预报也有不准的时候。 A：你知道乐天超市怎么去吗？ B：我知道乐天超市在哪里，但是我不知道从这里怎么去。
250 可惜 kě xī		섭섭하다. 아쉽다. 애석하다. 아깝다. 유감스럽다. A：你知道《可惜不是你》这首歌是谁唱的吗？B：梁静茹。 A：昨天上课有意思吗？B：昨天的课非常有意思，可惜你没有来。
251 肯定 kěn dìng		확실히. 틀림없이. 의심할 여지없이. A：当你的回答得到老师的肯定后你会怎样？B：我会更加有信心学习汉语。 A：你能考上理想的大学吗？B：我肯定能考上理想的大学。
252 空气 kōng qì		공기. A：你觉得附近公园的空气好吗？B：我觉得附近公园的空气很好。 A：人类离开了空气可以生存吗？B：人类离开了空气不能生存。 A：韩国的空气质量高不高？B：不太高。
253 恐怕 kǒng pà		아마 …일것이다. [추측과 짐작을 나타냄]…할까 봐 걱정하다. A：天怎么突然变暗了？B：恐怕一会要下雨了。 A：你明天能来上课吗？B：我明天有事儿，恐怕不能来上课了。

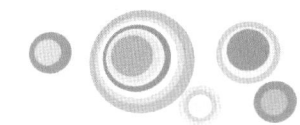

254 苦 kǔ	쓰다. A：你喜欢喝苦一点的咖啡还是甜一点的咖啡？B：我喜欢喝甜一点的咖啡。 A：你能说出哪些东西是苦的吗？B：药，咖啡，黑巧克力。 A：辛苦你了。B：不辛苦。
255 宽 kuān	(폭이) 넓다. 드넓다. 너르다. 널따랗다. 널찍하다. A：你觉得教室里的桌子宽吗？B：我觉得教室里的桌子很宽。 A：汉语书有多宽？B：汉语书大约宽20厘米。 A：教室有多宽？B：大概两米宽。
256 困 kùn	포위하다. 가두어 놓다./ 졸리다. A：你现在困吗？B：我一点儿也不困。 A：如果学习困了怎么办？B：如果学习困了，我喝杯咖啡就不困了。
257 困难 kùn nan	빈곤. 곤란. 애로. 어려움/힘들다. A：你学习汉语的最大困难是什么？B：我觉得写汉字是最大的困难。 A：遇到困难的时候我们应该怎么做？B：我们首先应该有克服困难的信心。
258 扩大 kuò dà	(범위나 규모를) 확대하다. 넓히다. 키우다. A：出国留学会有什么收获？B：出国留学会扩大我们的视野。 A：有了QQ以后，你的朋友圈扩大了多少？B：扩大了很多倍。
259 拉 lā	끌다. 당기다. 견인하다. A：你能拉得动一头牛吗？B：我拉不动一头牛。 A：你会拉小提琴吗？B：我不会拉小提琴。 A：你怎么了？B：我吃坏了东西，拉肚子了。 A：这件衣服有拉链吗？B：这件衣服没有拉链。

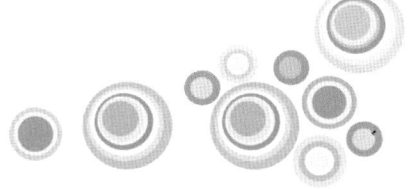

260 垃圾桶 lā jī tǒng	쓰레기통 A：你的家里有几个垃圾桶？B：我的家里有三个垃圾桶。 A：垃圾分为几类？B：垃圾分为可回收垃圾和不可回收垃圾。 A：你房间里的垃圾桶是什么颜色的？B：是黑色的。	
261 辣 là	맵다. 아리다. 얼얼하다. A：你能吃辣吗？B：我能吃辣。 A：你吃过最辣的方便面是什么？B：火鸡炒面。 A：你吃过辣的火锅吗？B：我吃过，太辣了。 A：韩国人喜欢吃辣吗？B：韩国人都很喜欢吃辣。	
262 来不及 lái bu jí	(시간이 부족하여) 돌볼[손쓸] 틈이 없다. 생각할 겨를이 없다. 따라가지. 시간에 대지 못하다. A：如果早上起床晚了，你会来不及做什么？B：我会来不及吃早饭。 A：上学要来不及的时候你会怎么办？B：我会打出租车去学校。	
263 来得及 lái de jí	늦지 않다.(시간이 있어서) 돌볼[손쓸] 수가 있다. 생각할 겨를이 있다. 시간에 대다. A：现在学汉语还来得及吗？B：只要想学汉语，任何时候都来得及。 A：你早上几点起床才会来得及做饭？B：我早上7点起床才会来得及做饭。	
264 懒 lǎn	게으르다. 나태하다. A：学习或工作的时候可以偷懒吗？B：学习或工作的时候不可以偷懒。 A：你什么时候会懒得起床？B：我周末不上课的时候会懒得起床。	
265 浪费 làng fèi	낭비하다. 허비하다. 헛되이쓰다. A：你觉得做什么事情是浪费时间？B：我觉得玩游戏是浪费时间。 A：你觉得对谁付出是浪费感情？B：我觉得对不喜欢自己的人付出是浪费感情。	
266 浪漫	낭만적이다. 로맨틱하다.	

梦想中国语 会话

	làng màn	A：你能说出一句浪漫的话吗？B：月亮代表我的心。 A：你觉得什么东西可以代表浪漫？B：玫瑰花，巧克力。 A：最浪漫的事是什么？B：我能想到的最浪漫的事就是和爱人一起慢慢变老。
267 **老虎** lǎo hǔ		범. 호랑이. A：你家有属虎的人吗？B：我哥哥属虎。 A：你在哪里见过老虎？B：我在动物园见过老虎。 A：中国哪里的老虎最多？B：中国东北的老虎最多。 A：老虎厉害还是狮子厉害？B：我觉得狮子比较厉害。
268 **冷静** lěng jìng		냉정하다. 침착하다. A：如果有人欺骗了你，你能冷静吗？B：我不能冷静。 A：考试的时候遇到难题怎么办？B：我会先保持冷静，再认真思考。
269 **理发** lǐ fà		이발하다. 머리를 깎다. A：你上次理发是什么时候？B：我上次理发是一年前了。 A：韩国理发贵不贵？B：韩国女生理发比较贵。 A：你多长时间理一次发？B：我平均三个月理一次。
270 **理解** lǐ jiě		알다. 이해하다. A：如果上课的时候有不理解的问题怎么办？B：我会请教老师。 A：无论你做错了什么事情，家人都会怎样对你？B：家人都会理解和包容我。 A：我很理解你，我会支持你。B：谢谢。理解万岁！
271 **理想** lǐ xiǎng		이상./이상적이다. A：你理想的工作是什么？B：我理想的工作是做一名老师。 A：你理想的男朋友是怎样的人？B：我理想的男朋友是高富帅。 A：你的理想是什么？B：我的理想是做一个舞蹈家。

272 礼貌 lǐ mào	예의. 예의범절. A：见到老师后应该怎样礼貌地问好？B："老师，您好！" A：一个人如果没有礼貌会怎样？B：一个人如果没有礼貌，大家都不会喜欢他。	
273 厉害 lì hai	무섭다. 사납다. 무시무시하다. 상대하기 어렵다. 대단하다. A：你最厉害的料理是什么？B：我最厉害的料理是蛋炒饭。 A：你的老师看起来厉害吗？B：我的老师看起来很亲切。 A：在你们家，爸爸厉害还是妈妈厉害？B：妈妈比较厉害。	
274 力气 lì qi	힘. 역량. 기운 A：你觉得自己力气大吗？B：我觉得自己力气不大。 A：怎样才能增加力气？B：经常锻炼身体。 A：你们班谁的力气最大？B：小明的力气最大。	
275 例如 lì rú	예[보기]를 들다. 예를 들면. 예컨대. A：你喜欢吃什么中华料理，例如？B：例如炸酱面，糖醋肉。 A：你能说出中国有哪些城市吗，例如？B：北京，上海，广州。	
276 俩 liǎ	두 개. 두 사람. A：你们俩以前认识吗？B：我们俩以前不认识。 A：你一顿能吃俩鸡蛋吗？B：我一顿能吃俩鸡蛋。	
277 连 lián	잇다. 붙이다. 잇대다. 잇닿다. 연(連)하다. 이어지다. 연결되다[연결하다…] /…조차도 A：小孩子一岁的时候会跑吗？B：连路还都不会走呢。 A：你还记得小学班主任老师吗？B：我连名字都忘记了。	
278 联系 lián xì	연락하다. 연결하다. 결합하다. 결부하다. 연관짓다. 관계하다. A：你多久和朋友联系一次？B：我每天都和朋友联系。	

		A：手机没电关机了会怎么样？B：不能马上联系到家人和朋友。
279 凉快 liáng kuai	시원하다. 서늘하다.	
	A：今天天气凉快吗？B：今天天气有点热。	
	A：什么季节最凉快？B：秋天最凉快，不冷不热。	
280 亮 liàng	밝다. 빛나다.	
	A：教室的灯亮吗？B：教室的灯很亮。	
	A：你家的灯现在亮着吗？B：现在亮着，因为我妈妈在家。	
	A：你喜欢亮色的衣服还是暗色的衣服？B：我喜欢亮色的衣服。	
281 聊天 liáo tiān	잡담. 한담. 채팅./ 한담하다	
	A：你想和中国人聊天吗？B：我想和中国人聊天。	
	A：见不到朋友的时候，你用什么工具和朋友聊天？B：我用手机和朋友聊天。	
282 另外 lìng wài	다른[그 밖의·그 외의] 사람이나 사물.	
	A：除了中文，你还学习什么？B：我另外还学习英语和数学。	
	A：除了韩文名字，你还有别的名字吗？B：我还有一个中文名字，另外还有一个英文名字。	
	A：我后面还有事儿，咱们另外找时间再谈吧。B：好的。	
283 留 liú	보관하다. 보존하다. 간수하다. 보류하다.남기다.	
	A：你会把好吃的蛋糕留给爸爸妈妈吃？B：我会把好吃的蛋糕留给爸爸妈妈吃。	
	A：什么时候家里会只留你一个人了？B：爸爸妈妈都去上班的时候，会留我一个人在家。	
284 留学 liú xué	유학하다.	
	A：你想去哪个国家留学？B：我想去中国留学。	
	A：留学回来的人叫什么？B：叫"海归"。	
	A：你留过学吗？B：我去中国留过学。	

54

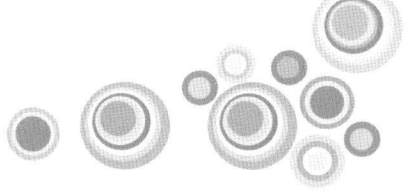

285 流泪 liú lèi	눈물을 흘리다.	
	A：你的眼睛被大风吹到的时候，会流泪吗？ B：我的眼睛被大风吹到的时候会流泪。	
	A：你什么时候会流泪？ B：我伤心的时候或者很感动的时候会流泪。	
286 流利 liú lì	막힘이 없다. 미끈하다. 거침없다. 유창하다.	
	A：你可以流利地说出自己的中文名字吗？ B：我可以。	
	A：你希望自己的汉语水平达到什么程度？ B：我希望有一天我可以流利地和中国人对话。	
287 流行 liú xíng	유행하다. 성행하다. 널리 퍼지다.	
	A：你能说出一首喜欢的中国流行音乐吗？ B：《甜蜜蜜》。	
	A：你知道今年流行什么颜色的衣服吗？ B：今年流行粉红色衣服。	
288 乱 luàn	어지럽다. 무질서하다. 혼란하다. 혼란스럽다.	
	A：教室里的桌椅乱吗？ B：教室里的桌椅一点也不乱。	
	A：你早上起床的时候头发会很乱吗？ B：我早上起床的时候头发会很乱。	
	A：你的桌子怎么这么乱？ B：因为昨天下班很晚，所以没来得及收拾。	
289 律师 lǜ shī	변호사.	
	A：你喜欢律师的职业吗？ B：我很喜欢律师的职业。	
	A：你以后想做律师吗？ B：我想做律师，也想做法官。	
	A：我们什么时候需要请律师？ B：我们打官司的时候需要请律师。	
290 麻烦 má fan	귀찮다. 성가시다. 번거롭다.	
	A：你觉得养孩子麻烦吗？ B：我觉得养孩子很麻烦。	
	A：你觉得什么是责任？ B：责任就是即使事情很麻烦，也必须去做。	
	A：你觉得什么事情很麻烦？ B：我觉得坐公交车很麻烦。	
	A：我能麻烦你帮我做一件事情吗？ B：什么事情？	

291 马虎 mǎ hu	적당히 하다. 대강[대충·데면데면]하다. 건성으로 하다. 아무렇게나 하다. 덜렁대다. A：你有因为马虎做错题的时候吗？B：我经常会因为马虎做错题。 A：你觉得马虎的缺点可以改正吗？B：我觉得可以。 A：你的中文说得真棒！B：哪里哪里，马马虎虎啦。 A：你是一个马虎的人吗？B：我不是。
292 满 mǎn	가득[꽉] 차다. 가득하다. 그득하다. A：你的笔记本写满字了吗？B：我的笔记本还没有写满字。 A：你一次能喝掉满满的一杯水吗？B：我口渴的时候一次能喝掉满满的一杯水。 A：你对中文学院满意吗？B：很满意。 A：我满脸都是青春痘，该怎么办呢？B：我觉得你应该去看医生。
293 毛巾 máo jīn	수건. 타월. A：你有几条毛巾？B：我有三条毛巾。 A：你的毛巾是什么颜色的？B：我的毛巾是黄色的。 A：洗脸毛巾什么牌子好？B：我觉得都差不多。
294 美丽 měi lì	아름답다. 예쁘다. 곱다. A：你觉得女孩子长头发美丽还是短头发美丽？B：我觉得长头发美丽。 A：你觉得怎样可以变得美丽？B：养成健康的生活习惯，并且多读书。 A：你的姐姐是一个美丽的人吗？B：我觉得她不美丽。
295 梦 mèng	꿈. A：你经常做梦吗？B：我白天有烦恼的时候，晚上会经常做梦。 A：中文学院的中文名字是什么？B：梦想中国语学院。 A：你的梦想是什么？B：我的梦想是赚很多钱，然后帮助很多人成功。
296 密码	암호 비밀 번호 비밀 전보 코드

	mì mǎ	A：你会把出生日期设为银行卡密码吗？B：我会把出生日期设为银行卡密码。
		A：忘记邮箱密码了怎么办？B：申请找回密码或者重设密码。
297 免费 miǎn fèi		돈을 받지 않다. 무료로 하다. 돈 낼 필요가 없다.
		A：中文学院有免费的无线网吗？B：中文学院有免费的无线网。
		A：在超市买什么东西的时候你会免费品尝一下？B：买面包的时候我会免费品尝一下。
		A：你喜欢免费的东西吗？B：我喜欢免费的东西。
		A：你怎么看待"世界上没有免费的午餐"这句话？B：我觉得这句话是对的。
298 民族 mín zú		민족.[일정한 지역에서 오랜 세월 동안 공동 생활을 하면서 언어와 문화상의…
		A：中国有多少个民族？B：中国有56个民族。
		A：中国人口数量最多的民族是什么？B：汉族。
		A：你见过中国的少数民族吗？B：我没见过。
299 母亲 mǔ qīn		(자신을 낳아 준) 모친. 엄마. 어머니.[일반적으로 면전에서의 호칭으로는…
		A：你的母亲今年多大年纪了？B：我的母亲今年50多岁了。
		A："儿行千里母担忧"是什么意思？B：儿子无论走到哪里，母亲都会担心。
300 目的 mù dì		목적.
		A：你来中文学院的目的是什么？B：学习汉语。
		A：成功的前提是什么？B：成功的前提是先明确努力的方向和目的。
		A：你去大学的目的是什么？B：我去大学的目的是学习知识，然后找到好的工作。
301 耐心 nài xīn		참을성이 있다. 인내심이 강하다. 인내성이 있다.
		A：你在哪方面很有耐心？B：我在学习方面很有耐心。
		A：你会耐心和谁说话？B：我会耐心和家人说话。
		A：你觉得做什么事需要耐心？B：我觉得照看小孩子需要耐心。
		A：成功的人是怎样的人？B：成功的人是有耐心的人。

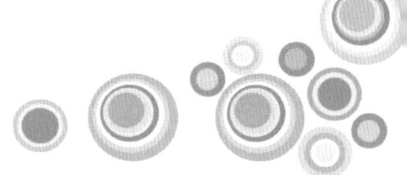

302 难道 nán dào	설마 ...란 말인가? 설마 ...하겠는가? 설마 ...이겠어요? 설마 ...는 아니겠지요	
	A：你难道不知道自己的中文名字吗？ B：我知道自己的中文名字。	
	A：难道今天会下雨吗？ B：天气预报说今天不会下雨。	
	A：你们俩难道一样高？ B：我们俩不一样高。	
303 难受 nán shòu	(몸이) 불편하다. 견딜[참을] 수 없다. 괴롭다. 슬프다	
	A：你吃多了什么东西胃会难受？ B：我吃多了面包胃会难受。	
	A：你心里难受的时候会怎么办？ B：我会找我的朋友聊天。	
	A：感冒的时候你会有什么感觉？ B：感冒的时候我会感觉全身都很难受。	
304 内 nèi	안. 안쪽. 속. 내부	
	A：你的内衣一般是谁洗？ B：一般是我自己洗。	
	A：你觉得一个人的内心更重要还是外表更重要？ B：我觉得外表也重要，但内心更重要。	
	A：教室里有几个人？ B：包括我在内，一共有四个人。	
	A：你的性格偏内向还是外向？ B：我的性格比较内向。	
305 内容 nèi róng	내용.	
	A：这节课的内容你都听懂了吗？ B：这节课的内容我都听懂了。	
	A：你最喜欢学哪本中文书的内容？ B：我最喜欢学会话书的内容。	
	A：你能听懂中国电视剧里的对话内容吗？ B：我能听懂一点点。	
306 能力 néng lì	(일을 할 수 있는) 능력. 역량.	
	A：你觉得你有能力学好汉语吗？ B：我觉得我有能力学好汉语。	
	A：你想拥有怎样的超能力？ B：我想拥有穿越时空的超能力。	
	A：你现在有能力出去工作挣钱吗？ B：我现在有能力做兼职工作挣钱。	
307 年龄 nián líng	연령. 나이. 연세.	
	A：你家里谁的年龄最大？ B：我爷爷的年龄最大。	

		A：你喜欢哪个年龄的自己？B：我喜欢30岁的自己。 A：你把自己的年龄当作一个秘密吗？B：我不把自己的年龄当作一个秘密。 A：你知道怎样看树的年龄吗？B：通过树的年轮可以看出树的年龄。
308 **农村** nóng cūn		농촌. A：你喜欢在城市生活还是在农村生活？B：我喜欢在城市生活。 A：你喜欢农村的什么？B：我喜欢农村的新鲜空气。 A：我们可以在农村做什么？B：我们可以在农村种粮食和蔬菜。 A：你有在农村的家人或朋友吗？B：我有在农村的家人。
309 **弄** nòng		(방법을 강구하여) 손에 넣다. 장만하다. 마련하다. 구하다. 갖추다....을 하다. A：中文学院教室里的桌子是从哪里弄的？B：是中文学院刘院长买的。 A：妈妈早上一般弄什么饭给你吃？B：妈妈早上一般弄煎鸡蛋给我吃。 A：你知道怎样能弄到便宜的电影票吗？B：从网上能弄到便宜的电影票。
310 **暖和** nuǎn huo		따뜻하다. 따사롭다. A：你觉得今天天气暖和吗？B：我觉得今天天气很暖和。 A：你觉得哪个季节是暖和的？B：我觉得春天是暖和的。 A：别人帮助你的时候你会有什么感觉？B：我会觉得心里很暖和。 A：你觉得什么材质的衣服是最暖和的？B：我觉得羽绒服是最暖和的。
311 **偶尔** ǒu ěr		때때로. 간혹. 이따금. 가끔 A：韩国的冬天会下雨吗？B：韩国的冬天偶尔会下雨。 A：你经常去釜山吗？B：我偶尔会去釜山。 A：你每天都在饭馆吃饭吗？B：我偶尔去饭馆吃饭。 A：你每天都穿裙子吗？B：我偶尔穿裙子。
312 **排列**		배열하다. 정렬하다.

	pái liè	A：一般排列队伍时，最矮的人在哪里？B：最矮的人在队伍的最前面。 A：你能把1到10的数字从大到小排列一下吗？B：10,9,8,7,6,5,4,3,2,1。 A：1，2两个数字有几种排列方法？请分别说一下。B：有11，22，12，21这四种排列方法。
313 **判断** pàn duàn		판단하다. 판정하다. A：HSK考试中有判断题吗？B：HSK考试中有判断题。 A：你如何判断一个人是否说假话了？B：看他的脸或耳朵有没有变红。 A：你能判断出今天会不会下雨吗？B：我觉得今天不会下雨。 A：你觉得自己是一个有判断力的人吗？B：我觉得自己是一个有判断力的人。
314 **陪** péi		모시다. 동반하다. 안내하다. 수행하다. 배석하다. A：你晚上会在家里陪妈妈做什么？B：我晚上会在家里陪妈妈看电视。 A：你去医院的时候需要有人陪吗？B：我去医院的时候需要有家人陪。 A：周末谁陪你一起看电影？B：周末朋友陪我一起看电影。 A：我们能一直陪在父母身边吗？B：我们不能一直陪在父母身边。
315 **批评** pī píng		비판하다. 지적하다. 질책하다. 꾸짖다. 나무라다. A：你做错什么事情的时候妈妈会批评你？B：我说谎的时候妈妈会批评我。 A：你会虚心接受别人的批评吗？B：我会虚心接受别人的批评。 A：哪种学生会经常受到老师的批评？B：上课不好好听课的学生会经常受到老师的批评。
316 **皮肤** pí fū		피부. A：你注意保护自己的皮肤吗？B：我注意保护自己的皮肤。 A：你是干性皮肤还是油性皮肤？B：我是油性皮肤。 A：你觉得你的皮肤好吗？B：我觉得我的皮肤很好。 A：保护皮肤的化妆品叫什么？B：护肤品。
317 **脾气**		성격. 성질. 성미. 기질.

	pí qi	A：有没有没有脾气的人？B：没有没有脾气的人。 A：你觉得一个人的脾气可以控制吗？B：我觉得一个人的脾气可以控制。 A：我们可以对父母发脾气吗？B：我们不可以对父母发脾气。 A：经常发脾气有什么危害？B：经常发脾气会影响身体健康。
318 篇 piān		편. 장.[문장·종이 등을 세는 단위] A：你喜欢读长篇小说还是短篇小说？B：我喜欢读短篇小说。 A：你能用中文写一篇自我介绍吗？B：我能用中文写一篇自我介绍。 A：你一个星期写几篇日记？B：我一般不写日记。
319 骗 piàn		속이다. 기만하다. A：你被别人欺骗过吗？B：我被别人欺骗过。 A：你觉得骗子多吗？B：我觉得骗子很多。 A：你能接受善意的欺骗吗？B：我能接受善意的欺骗。
320 乒乓球 pīng pāng qiú		탁구. A：你会打乒乓球吗？B：我会打乒乓球。 A：乒乓球长什么样？B：乒乓球又小又圆。 A：中国的乒乓球队很强吗？B：中国的乒乓球队很强。
321 平时 píng shí		평소. 평상시. 보통 때. A：你平时几点睡觉？B：我平时晚上11点睡觉。 A：超市里的人平时多还是周末多？B：超市里的人周末多。 A：你平时怎样去学校？B：我平时走路去学校。 A：你平时看电视剧吗？B：我平时不怎么看电视剧。
322 瓶子 píng zi		병. A：你有喝水的瓶子吗？B：我有喝水的瓶子。

	A：你喜欢什么颜色的瓶子？B：我喜欢黄色的瓶子。	
	A：你用什么瓶子放热水？B：我用玻璃瓶子放热水。	
	A：你家哪里的瓶子最多？B：我家厨房里的瓶子最多。	
	A：你喜欢喝瓶装饮料还是罐装饮料？为什么？B：我喜欢喝罐装饮料，因为喝起来更爽。	
323 破 pò	파손되다. 찢어지다. 망가지다. 깨지다. 헤지다. 깨다. A：手会被什么划破？B：手会被刀子划破。 A：你有破旧的衣服吗？B：我没有破旧的衣服。 A：你以前打破过杯子吗？B：我以前不小心打破过杯子。	
324 普遍 pǔ biàn	보편적인. 일반적인. 전면적인. 널리 퍼져 있는. A：周末公园里普遍人多吗？B：周末公园里普遍人多。 A：中国人普遍喜欢什么颜色？B：中国人普遍喜欢红色。 A：美国人普遍喜欢什么数字？B：美国人普遍喜欢数字7。 A：染发在韩国普遍吗？B：染发在韩国很普遍。	
325 其次 qí cì	다음. 그 다음. 버금. A：你最喜欢什么水果，其次是什么水果？B：我最喜欢草莓，其次是苹果。 A：怎样评价一个学生？B：首先看品质，其次看成绩。 A：比赛只是为了成绩吗？B：比赛首先是为了友谊，其次是成绩。	
326 其中 qí zhōng	그 중. 그 중에. 그 안에. A：你学习辛苦吗？B：很辛苦，但是我乐在其中。 A：你有几个好朋友？B：我有很多好朋友，其中我最好的朋友就住在我家前面。 A：你会说哪些语言？B：我会说韩语，英语和汉语，其中韩语是我的母语。	
327 起飞 qǐ fēi	(비행기·로켓 등이) 이륙하다. A：飞机起飞前我们需要注意什么？B：我们需要注意系好安全带，并且关闭手机。	

		A：一般飞机起飞前多久可以开始登机？B：一般飞机起飞前30分钟可以开始登机。 A：飞机会因为什么原因推迟起飞时间？B：天气原因或者飞机机械故障。
328 **起来** qǐ lai		(잠자리에서) 일어나다. A：你今天早上几点从床上起来了？B：我今天早上7点从床上起来了。 A：今天的天气怎么样？B：今天的天气看起来很好。 A：中国国歌的第一句是什么？B：起来！
329 **气候** qì hòu		기후. A：中国北方和南方气候差异大吗？B：中国北方和南方气候差异大。 A：韩国春天的气候怎么样？B：韩国春天的气候很暖和。 A：你觉得近几年全球气候有什么变化？B：我觉得近几年全球气候变暖了。
330 **千万** qiān wàn		부디. 제발. 아무쪼록. 꼭. 절대로. 반드시. 절대. A：考试的时候千万不能怎么样？B：即使遇到难题也千万不能慌张。 A：你觉得在公共场所千万不能做什么？B：在公共场所千万不能吸烟。 A：父母告诉过你千万不能做什么事情？B：千万不能轻易相信陌生人的话。
331 **签证** qiān zhèng		비자(visa). A：你有哪个国家的签证？B：我有中国和美国的签证。 A：你觉得办理签证容易吗？B：我觉得办理签证很不容易。 A：去中国旅游需要办理什么签证？B：中国旅游签证。
332 **墙** qiáng		담장. 벽. 울타리. A：教室里有几面墙？B：教室里有四面墙。 A：你觉得教室里的墙有几米高？B：我觉得教室里的墙有三米高。 A：你喜欢在墙上贴什么？B：我喜欢在墙上贴明星的照片。
333 **敲**		치다. 두드리다. 때리다.

qiāo	A：进老师办公室之前应该怎样做？B：应该先敲门。 A：腿麻了怎么办？B：用力敲打一会就好。 A：你能用笔在桌子上敲出旋律吗？B：我能用笔在桌子上敲出旋律。 A：有人敲过你的头吗？B：我的哥哥敲过我的头。	
334 桥 qiáo	다리. 교량. A：韩国著名的桥是什么？B：汉江大桥。 A：你家附近的公园里有桥吗？B：我家附件的公园里有桥。 A：中文学院旁边的公园里有桥吗？B：中文学院旁边的公园里有桥。 A：根据质地，桥可以分为什么类型？B：桥可以分为石桥，铁桥和木桥。 A：世界上最长的跨海大桥是哪一座？有多长？B：是中国的港珠澳大桥，总长55公里。	
335 巧克力 qiǎo kè lì	초콜릿(chocolate). A：你喜欢吃牛奶巧克力还是黑巧克力？B：我喜欢吃牛奶巧克力。 A：你经常吃巧克力吗？B：我经常吃巧克力。 A：情人节的时候你收到过巧克力吗？B：情人节的时候我收到过巧克力。 A：你喜欢吃巧克力蛋糕吗？B：我喜欢吃巧克力蛋糕。	
336 亲戚 qīn qi	친척. A：你家亲戚多吗？B：我家亲戚很多。 A：你家离亲戚家远吗？B：我家里亲戚家不远。 A：你和哪个亲戚最亲近？B：我和我姨家最亲近。 A：你一般什么时候去见亲戚？B：我一般春节的时候去见亲戚。	
337 轻 qīng	(무게가) 가볍다. A：你和妈妈谁更轻？B：我更轻。 A：你走路的时候脚步声比较轻还是比较重？B：我走路的时候脚步声比较轻。	

		A：一个鸡蛋有多轻？B：一个鸡蛋大约有50克。
		A：人固有一死，或轻于鸿毛，或重于泰山，这句话是谁说的？B：是司马迁。
338 轻松 qīng sōng	수월하다. 가볍다. 부담이 없다. 홀가분하다.	
	A：你什么时候心情会轻松？B：放假的时候我的心情会很轻松。	
	A：你觉得和谁在一起的时候最轻松？B：我觉得和家人在一起的时候最轻松。	
	A：重感冒好的时候你会有什么感觉？B：我会感觉浑身轻松，好像重生了一样。	
339 情况 qíng kuàng	상황. 정황. 형편. 사정.	
	A：你最近学习情况怎么样？B：我最近学习进步很大。	
	A：你父母的身体情况怎么样？B：我父母都很健康。	
	A：你的住宿情况怎么样？B：我的住宿情况很好，生活很便利。	
340 请假 qǐng jià	(휴가·조퇴·외출·결근·결석 등의 허락을) 신청하다. 휴가 내다.	
	A：你经常请假吗？B：我不经常请假。	
	A：你因为什么事情请过假？B：我生病的时候请过假。	
	A：请假期间会有工资吗？B：请假期间没有工资。	
341 请客 qǐng kè	접대하다. 초대하다. 한턱 내다.	
	A：你什么时候会请客？B：朋友帮助我的时候我会请客。	
	A：你请客会去吃什么？B：我请客会去吃烤肉。	
	A：你家搬家的时候请过客吗？B：我家搬家的时候请过客。	
	A：你会在家里请客还是去饭馆请客？B：我一般去饭馆请客。	
342 穷 qióng	빈곤하다. 가난하다. 궁하다.	
	A：你觉得穷人多还是富人多？B：我觉得穷人多。	
	A：怎样才能摆脱贫穷？B：多学习才能摆脱贫穷。	
	A："人穷志不穷"是什么意思？B：一个人可以没有钱，但是不能没有志向。	

		A：你帮助过穷人吗？怎么帮助的？B：我帮助过非洲小朋友，我每个月给他1万韩元。
343 区别 qū bié	구별. 차이. A：人和动物的区别是什么？B：人有感情，而动物没有，所以人可以说是高级动物。 A：水和冰的区别是什么？B：水是液体，冰是固体。 A：你能说出汉语和韩语的一个区别吗？B：汉语有声调，韩语没有声调。 A：你能区别出一对双胞胎吗？B：我很难区别出一对双胞胎。	
344 取 qǔ	가지다. 취하다. 찾다.(맡겼던 것을) 찾아오다. A：垃圾回收处的垃圾被谁取走了？B：被清洁工人取走了。 A："杀鸡取卵"是什么意思？B：为了得到鸡蛋，把鸡给杀了，比喻只贪图眼前利益。 A：你在哪里取快递？B：我在家门口取快递。	
345 全部 quán bù	전부. 전체. 모두. 모든 A：父母把爱全部给了谁？B：父母把爱全部给了子女。 A：哪些人参加了学校的体育大会？B：学校的所有老师和学生都参加了学校的体育大会。 A：交通事故肇事方应该承担什么责任？B：交通事故肇事方应该承担全部责任。	
346 缺点 quē diǎn	결점. 단점. 부족한 점. A：你能说出自己的一个缺点吗？B：我吃东西总是很快。 A：你喜欢别人给你指出缺点吗？B：我非常喜欢别人给我指出缺点，并且很感谢。 A：你觉得你学习上存在的缺点是什么？B：我觉得我学习的时候不够仔细。 A：你觉得你弟弟最大的缺点是什么？B：他总是想法比行动多。	
347 缺少 quē shǎo	(인원이나 물건의 수량이) 부족하다. 모자라다. 결핍되다. A：一个年轻人不能缺少什么？B：一个年轻人不能缺少生活的热情和目标。 A：你觉得自己缺少衣服穿吗？B：我总是觉得自己缺少一件漂亮的衣服。 A：你喜欢吃缺少辣椒粉的辣白菜吗？B：我不喜欢吃缺少辣椒粉的辣白菜。	

梦想中国语 会话

	A：你的生活中可以缺少手机吗？B：我的生活中不能缺少手机。
348 却 què	후퇴하다. 퇴각하다. 물러나다. 오히려 A：你的汉语好吗？B：我会读汉字，却不会写汉字。 A：你爸爸工作辛苦吗？B：我爸爸工作很辛苦，却从来不说辛苦。 A：韩国的气候怎么样？B：夏天很热，冬天却很冷。
349 确实 què shí	확실하다. 믿을 만하다. A：学习中文需要努力吗？B：学习中文确实需要很努力。 A：周末的时候超市人多吗？B：周末的时候超市人确实很多。 A：炸酱面确实好吃吗？B：炸酱面确实好吃。 A：刘德华确实很帅吗？B：刘德华确实很帅。
350 群 qún	무리. 떼. A：你能在人群中找到妈妈吗？B：我能在人群中找到妈妈。 A：你见过打群架的吗？B：我在学校里见过打群架的。 A：蜜蜂是群居的动物吗？B：蜜蜂是群居的动物。 A：弱势群体包括哪些人？B：儿童，妇女，老人和残疾人。
351 然而 rán ér	그러나. 하지만. 그렇지만. A：你假期会回国吗？B：我想回国，然而飞机票很贵，所以我打消了假期回国的念头。 A：你认为应该怎样学习？B：努力学习是重要的，然而还得注意学习方法。 A：你喜欢过一个人吗？B：我喜欢过一个人，然而他不喜欢我。
352 热闹 rè nao	(광경이나 분위기가) 번화하다. 흥성거리다. 떠들썩하다. 시끌벅적하다. A：你喜欢去热闹的地方玩吗？B：我喜欢去热闹的地方玩。 A：你家里什么时候最热闹？B：我家里春节的时候最热闹。 A：你人生中最热闹的时候是什么时候？B：结婚的时候。

		A：你喜欢逛热闹的商业街吗？B：我喜欢逛热闹的商业街。
353 人民币 rén mín bì	인민폐, RMB A：你喜欢人民币吗？B：我喜欢人民币。 A：你用韩元换过人民币吗？B：我用韩元换过人民币。 A：人民币最大面值是多少？B：人民币最大面值是100元。 A：1万韩元约等于多少人民币？B：1万韩元约等于60元人民币。	
354 任何 rèn hé	어떠한. 무슨.[주로 '都(dōu)'와 호응하여 쓰임] A：法律的权威是什么？B：任何人在法律面前都是平等的。 A：世界上有完美的人吗？B：没有，因为任何人都有优点和缺点。 A："三人行必有我师"是什么意思？B：任何人都有值得我们学习的地方。 A：成年人和未成年人的区别是什么？B：成年人对自己的任何行动都要负责。	
355 任务 rèn wu	임무. 책임 A：你现在最重要的任务是什么？B：我现在最重要的任务是学习。 A：你能完成老师布置的任务吗？B：我能完成老师布置的任务。 A：妈妈经常吩咐你什么任务？B：妈妈经常吩咐我去超市买东西。 A：领导的直接主管同时给你任务的话，你怎么办？B：我会尽力都完成。	
356 扔 rēng	던지다. 버리다 A：你会扔掉破旧的衣服吗？B：我会扔掉破旧的衣服。 A：扔垃圾的时候应该注意什么？B：扔垃圾的时候应该注意分好类。 A：你会扔掉吃剩的饭菜吗？B：我不会扔掉吃剩的饭菜。	
357 仍然 réng rán	변함없이. 여전히. 아직도. 원래대로 A：无论发生什么，谁会仍然在你身边？B：我的家人。 A：下课后你仍然会学习吗？B：下课后我仍然会学习。	

		A：即使很辛苦，你仍然会坚持运动吗？B：即使很辛苦，我仍然会坚持运动。
		A：去年的衣服你仍然会穿吗？B：去年的衣服我仍然会穿。
358 日记 rì jì	일기. 일지	
	A：你有写日记的习惯吗？B：我有写日记的习惯。	
	A：你有专门写日记的本子吗？B：我有专门写日记的本子。	
	A：写日记对我们有什么帮助？B：写日记可以让我们每天总结和反省。	
	A：我们可以看别人的日记吗？B：我们不可以看别人的日记。	
359 入口 rù kǒu	입구	
	A：教室的入口在哪里？B：教室的入口在那里。	
	A：电影院的入口在前面还是后面？B：电影院的入口在后面。	
	A：你能找到超市的入口吗？B：我能找到超市的入口。	
	A：地铁站的出口和入口是一样的吗？B：地铁站的出入口是同一个。	
360 软 ruǎn	(물체의 속성이) 부드럽다. 연하다.	
	A：什么东西是软的？B：棉花是软的。	
	A：你喜欢吃软糖还是硬糖？B：我喜欢吃软糖。	
	A：你是一个心软的人吗？B：我是一个心软的人。	
361 散步 sàn bù	산보하다. 산책하다	
	A：你喜欢去哪儿散步？B：我喜欢去公园散步。	
	A：你经常和谁一起散步？B：我经常和妈妈一起散步。	
	A：饭后散步有什么好处？B：饭后散步有助于消化和减肥。	
	A：你去海边散过步吗？B：我去海边散过步。	
362 森林 sēn lín	삼림. 숲. 산림.	
	A：你去过森林吗？B：我去过森林。	

		A：“森林之王”是什么动物？B：“森林之王”是老虎。 A：世界上最大的森林叫什么？B：亚马逊森林。 A：中国最大的原始森林在哪里？B：在内蒙古的大兴安岭。
363	沙发 shā fā	소파(sofa). A：你喜欢什么颜色的沙发？B：我喜欢白色的沙发。 A：你家客厅有几个沙发？B：我家客厅有三个沙发。 A：你喜欢在沙发上睡觉吗？B：我喜欢在沙发上睡觉。 A：你一般坐在沙发上干什么？B：我一般坐在沙发上看电视。
364	商量 shāng liang	(주로 말로 일반적인 문제를) 상의하다. 의논하다. 협의하다. 토의하다. A：重要的决定你会和谁商量？B：重要的决定我会和家人商量。 A：你是一个好商量的人吗？B：我是一个好商量的人。 A：什么问题不可以商量？B：原则性问题不可以商量。 A：什么事情需要好好商量一下？B：大学读什么专业的事情需要好好商量一下。
365	伤心 shāng xīn	상심하다. 슬퍼하다. 마음 아파하다. A：你妈妈什么时候会伤心？B：我不听话的时候妈妈会伤心。 A：你觉得小狗会伤心吗？B：我觉得小狗会伤心。 A：经常伤心对身体好吗？B：经常伤心对身体不好。 A：你伤心难过的时候，是怎么治愈自己的？B：我买了很多吃的东西，一边吃一边看电视。
366	稍微 shāo wēi	조금. 약간. 다소 A：你比去年长高了吗？B：我比去年稍微长高了一点儿。 A：你觉得中国菜怎么样？B：中国菜稍微有点油腻，不过很好吃。 A：你家离中文学院远吗？B：我家离中文学院稍微有点儿远。 A：最近天气怎么样？B：最近天气稍微有点热。

367 社会 shè huì	사회.	
	A：社会对年轻人来说是什么？B：社会对年轻人来说是一所大学。	
	A：你有社会经验吗？B：我没有多少社会经验。	
	A：为什么大人们都说社会很复杂？B：因为社会上有各种各样的人。	
368 深 shēn	깊다.	
	A：你对学校的哪位老师印象很深？B：我对学校的英语老师印象很深。	
	A：你敢在深海游泳吗？B：我不敢在深海游泳。	
	A：你想成为一个有深度的人吗？B：我想成为一个有深度的人。	
369 申请 shēn qǐng	신청하다.	
	A：你申请过HSK考试吗？B：我申请过HSK考试。	
	A：中国北京成功申请了哪一年的世界奥运会举办权？B：2008年。	
	A：请假需要提前向老师申请吗？B：请假需要提前向老师申请。	
	A：你申请过国家奖学金吗？B：我没申请过。	
370 甚至 shèn zhì	심지어….까지도…조차도	
	A：妈妈爱你吗？B：妈妈很爱我，甚至胜过爱自己。	
	A：你的饭量大吗？B：我的饭量大，很饿的时候甚至能吃三碗米饭。	
	A：你对什么食物过敏？B：我对虾过敏，甚至连虾酱都不能吃。	
371 生活 shēng huó	생활.	
	A：你和谁生活在一起？B：我和爸爸妈妈生活在一起。	
	A：每个月妈妈给你多少生活费？B：每个月妈妈给我30万韩元生活费。	
	A：你觉得生活容易吗？B：我觉得生活不容易。	
	A：你想过怎样的生活？B：我想过幸福快乐的生活。	
372 生命	생명. 목숨.	

shēng mìng	A：我们为什么要珍惜生命？ B：因为生命只有一次。	
	A：你觉得地球外的星球上有生命存在吗？ B：我觉得有。	
	A：我们为什么要孝顺父母？ B：因为父母给了我们生命。	
	A：为什么要珍惜时间？ B：因为时间就是生命，浪费时间就是浪费生命。	
373 省 shěng	아끼다. 절약하다.	
	A：你每个月有省下的钱吗？ B：我每个月有省下的钱。	
	A：每周你会省出时间学汉语吗？ B：每周我会省出时间学汉语。	
	A：你在哪方面比较节省？ B：我在吃穿方面比较节省。	
	A：不吃零食有什么好处？ B：既省钱又减肥。	
374 剩 shèng	남다. 남기다.	
	A：现在离你的生日还剩下多长时间？ B：现在离我的生日还剩下半个月左右。	
	A：你的考试答题技巧是什么？ B：我会先做简单的题目，再思考剩下的难题。	
	A：你有剩饭的习惯吗？ B：我没有剩饭的习惯。	
375 失败 shī bài	(일이나 사업을) 실패하다.	
	A：失败和成功的关系是什么？ B：失败是成功之母。	
	A：失败可怕吗？ B：失败不可怕，可怕的是没有重新站起来的勇气。	
	A：你做过什么失败的事情？ B：我做过一次失败的发型。	
	A：你觉得自己在哪方面比较失败？ B：我觉得自己在做饭方面比较失败。	
376 失望 shī wàng	실망하다. 희망을 잃다.	
	A：爸爸妈妈什么时候会对你失望？ B：我考试成绩不好的时候。	
	A：为什么做一件事情之前不要有太高的期望？ B：因为期望越大，失望就会越大。	
	A：学生怎样做才能不让老师失望？ B：认真学习，不断进步。	
	A：你对什么事情失望过？ B：我对学习游泳失望过。	

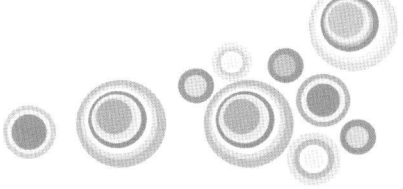

377 师傅 shī fu	기사님. 선생님.[기예·기능을 가진 사람에 대한 존칭] 스승	
	A：《西游记》里孙悟空的师傅是谁？ B：唐僧。	
	A：学艺之前应该先做什么？ B：学艺之前应该先拜师傅。	
	A："师傅领进门，修行靠个人。"是什么意思？ B：师傅指导正确的方法后，过程的努力只能靠个人。	
	A：韩国出租车的기사님,在中国一般怎么称呼？ B：中国人一般称呼"司机师傅"。	
378 湿润 shī rùn	축축하다. 촉촉하다. 습윤하다. 습하다	
	A：雨水有什么作用？ B：雨水可以让干旱的土地变得湿润。	
	A：你的眼睛什么时候会湿润？ B：我受到感动的时候。	
	A：海边的空气怎么样？ B：海边的空气湿润又清新。	
	A：香蕉生长喜欢什么气候？ B：香蕉生长喜欢温暖湿润的气候。	
379 狮子 shī zi	사자.[일반적으로 '非洲狮(아프리카 사자)'를 가리킴]	
	A：你害怕狮子吗？ B：我害怕狮子。	
	A：你觉得狮子厉害还是老虎厉害？ B：我觉得老虎厉害。	
	A：海里的狮子叫什么？ B：海里的狮子叫海狮。	
	A：为什么很多人把石狮子摆在家门口？ B：狮子是吉祥的动物，可以驱除邪恶。	
380 十分 shí fēn	매우. 아주. 대단히. 충분히.	
	A：你喜欢吃中国菜吗？ B：我十分喜欢。	
	A：妈妈做的菜好吃吗？ B：妈妈做的菜十分好吃。	
	A：你努力学习汉语吗？ B：我十分努力地学习汉语。	
	A：今天天气热吗？ B：今天天气十分热。	
381 实际 shí jì	실제./ 현실적이다.	
	A：你觉得一个人实际一点儿好吗？ B：我觉得一个人实际一点儿没有什么不好。	

	A：做任何计划的首要原则是什么？B：从实际出发，不能脱离实际。 A：中国人口数量实际上有多少？B：中国人口数量实际上已经超过15亿了。 A：一份米肠的实际价格是多少？B：一份米肠的实际价格是3千五百元韩币。
382 **实在** shí zài	확실히. 정말. 참으로 A：你为什么喜欢刘德华？B：因为他实在太帅了！ A：你今天为什么这么高兴？B：因为今天天气实在太好啦！ A：你为什么这么努力学习汉语？B：因为我实在太喜欢汉语了。 A：韩国的夏天怎么样？B：韩国的夏天实在太热了。
383 **食品** shí pǐn	(상품으로서의) 식품. A：食品和食物的区别是什么？B：食品是食物加工后的产品。 A：你买食品之前会查看一下保质期吗？B：我买食品之前会查看一下保质期。 A：我们可以从网上买食品吗？B：我们可以从网上买食品。 A：你一般去哪里买食品？B：我一般去超市买食品。
384 **使用** shǐ yòng	사용하다. 쓰다. A：你会使用木筷子吃饭吗？B：我会使用木筷子吃饭。 A：人和动物的一个重要区别是什么？B：人会制造和使用劳动工具。 A：你会使用几国语言说"我爱你"？B：我会使用三国语言说"我爱你"。 A：人的头脑很久不用会怎样？B：人的头脑很久不用会变笨。
385 **试** shì	시험삼아 해 보다. 시험하다. 시행하다. 한번...해 보다. A：你每次买衣服的时候都会先试穿一下吗？B：我每次买衣服的时候都会先试穿一下。 A：你去超市买水果之前会试吃一下吗？B：有时候我会试吃一下。 A：你尝试学过什么运动？B：我尝试学过瑜伽。 A：你尝试做过一道很复杂的菜吗？B：我尝试做过披萨。

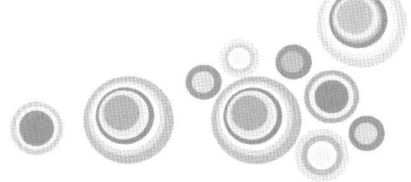

386 **市场** shì chǎng	시장.[상품을 거래하는 장소] A：妈妈经常去市场买菜吗？B：妈妈经常去市场买菜。 A：你去过批发市场买东西吗？B：我去过猪肉批发市场买过猪肉。 A：你去过哪个市场？B：我去过新浦市场。 A：怎样研发新产品？B：先做一个市场调查，了解客户的新需求。 A：你的专业是什么？B：市场营销。	
387 **适合** shì hé	적합하다. 부합하다. 알맞다. 적절하다. 어울리다. A：你觉得自己适合做什么工作？B：我觉得自己适合做一名老师。 A：什么颜色的衣服适合你的肤色？B：粉红色的衣服适合我的肤色。 A：什么样的食物适合你的口味？B：酸酸甜甜的食物适合我的口味。 A：你觉得自己适合从什么阶段学习语法？B：你觉得自己适合从HSK中级阶段学习语法。	
388 **适应** shì yìng	적응하다. A：你能很快适应一个新的环境吗？B：我能很快适应一个新的环境。 A：你能适应老师的讲课速度吗？B：我能适应老师的讲课速度。 A：你能适应教室里的灯光吗？B：我能适应教室里的灯光。 A：南极企鹅能够适应热带气候吗？B：南极企鹅不能够适应热带气候。	
389 **世纪** shì jì	세기. A：一个世纪是多少年？B：一个世纪是100年。 A：现在是什么世纪？B：现在是21世纪。 A：你出生在哪个世纪？B：我出生在20世纪。 A：你看过《冰河世纪》这部动画电影吗？B：我看过《冰河世纪》这部动画电影。	
390 **收** shōu	받다. 접수하다. 받아들이다. 용납하다. 수용하다. 거두다. A：过年的时候你会收到很多压岁钱吗？B：过年的时候我会收到很多压岁钱。	

 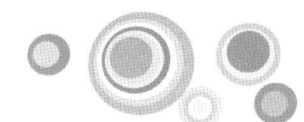

	A：过生日的时候你收到了什么礼物？B：我收到了手机。 A：邮寄时我们需要写明什么信息？B：我们需要写明发件人和收件人的相关信息。 A：你一般在哪里接收快递？B：我一般在公司接收快递。
391 收入 shōu rù	수입. 소득. A：韩国人的收入差距大吗？B：韩国人的收入差距很大。 A：没有收入可以生活吗？B：没有收入不可以生活。 A：你们家每个月谁有收入？B：爸爸和妈妈每个月有收入。 A：怎样可以获得稳定的收入？B：每天都努力地工作。
392 收拾 shōu shi	거두다. 정리하다. 정돈하다. 치우다. 수습하다. 꾸리다. A：你多久收拾一次房间？B：我两天收拾一次房间。 A：你收拾行李去做什么？B：我收拾行李去旅游。 A：谁经常收拾厨房？B：妈妈经常收拾厨房。 A：在食堂吃完饭谁收拾餐桌？B：食堂服务员收拾餐桌。
393 首都 shǒu dū	수도 A：中国的首都在哪里？B：中国的首都在北京。 A：韩国的首都在哪里？B：韩国的首都在首尔。 A：美国的首都在哪里？B：美国的首都在华盛顿。 A：日本的首都在哪里？B：日本的首都在东京。
394 首先 shǒu xiān	가장 먼저. 맨 먼저. 우선. 무엇보다 먼저. A：你每天起床后首先做什么？B：我首先喝一大杯水。 A：每次上课时首先做什么？B：首先复习上节课学习的内容。 A：创立一个公司首先需要什么？B：首先需要资金。 A：你怎样吃苹果？B：我会首先把苹果皮削掉。

395 受不了 shòu bu liǎo	견딜 수 없다. 참을 수 없다. 배길 수 없다. 못 봐주다.	
	A：你受不了吃什么东西？ B：我受不了吃太辣的东西。	
	A：你受不了热的天气还是冷的天气？ B：我受不了冷的天气。	
	A：爸爸受不了妈妈什么？ B：爸爸受不了妈妈唠叨。	
	A：你能受得了一周不洗头发吗？ B：我受不了一周不洗头发。	
396 受到 shòu dào	얻다. 받다. 만나다. 부딪치다.	
	A：你经常受到谁的表扬？ B：我经常受到老师的表扬。	
	A：小猫受到惊吓会有什么反应？ B：它尾巴的毛会竖起来。	
	A：你受到过妈妈的批评吗？ B：我受到过妈妈的批评。	
	A：我们从小到大受到哪些教育？ B：家庭教育，学校教育和社会教育。	
397 售货员 shòu huò yuán	판매원. 점원.	
	A：你做过售货员工作吗？ B：我做过售货员工作。	
	A：售货员主要负责做什么？ B：售货员主要负责介绍产品和销售产品。	
	A：买东西的时候你会先咨询售货员一下吗？ B：买东西的时候我会先咨询售货员一下。	
	A：哪里有很多售货员？ B：大型商场里有很多售货员。	
398 输 shū	패하다. 지다. 잃다.	
	A：你是一个轻易认输的人吗？ B：我不是一个轻易认输的人。	
	A：你打牌的时候输钱多还是赢钱多？ B：我一般不输不赢。	
	A：你输过什么？ B：我输过篮球比赛。	
	A：人最怕输了什么？ B：人最怕输了勇气。	
399 熟悉 shú xī	잘 알다. 익숙하다. 생소하지 않다.	
	A：你最熟悉谁？ B：我最熟悉爸爸妈妈。	
	A：你最熟悉的城市是哪里？ B：我最熟悉的城市是仁川。	

梦想中国语 会话

	A：怎样才能熟悉汉语？B：多听、多说、多读，多写。
	A：你最熟悉的味道是什么？B：我最熟悉的味道是妈妈做的菜的味道。
400 数量 shù liàng	수량. 양. 수효 A：你知道中国人口数量是多少吗？B：中国人口数量大约14亿。 A：中文学院教室里桌子数量是多少张？B：中文学院教室里桌子数量是20张。 A：数量和质量有什么关系？B：数量变化会引起质量变化。 A：你知道夜空中星星的数量吗？B：夜空中有无数颗星星。
401 数字 shù zì	숫자. A：你喜欢数字几？B：我喜欢数字7。 A：你能从数字1数到多少？B：我能从数字1数到100。 A：你对数字敏感吗？B：我对数字很敏感。 A："数字"共有多少笔划？B："数字"共有19笔划。
402 帅 shuài	잘생기다. 멋지다. 영준하다. 스마트하다. A：你觉得爸爸长得帅吗？B：我觉得爸爸长得帅。 A：你想找个什么样的男朋友？B：我想找个和爸爸一样帅的男朋友。 A：你觉得自己什么时候最帅？B：我觉得自己认真做事的时候最帅。 A：你有帅气的衣服吗？B：我有帅气的衣服。
403 顺便 shùn biàn	…하는 김에. 겸사겸사. 차제에. A：上学的路上你会顺便做什么？B：我会顺便买早饭。 A：早上出门的时候你会顺便做什么？B：我会顺便把垃圾扔了。 A：你学校放假的时候顺便打过工吗？B：我在暑假的时候顺便打过工。 A：你去中国的时候顺便旅游过哪里？B：我去中国的时候顺便旅游过万里长城。
404 顺利	순조롭다. 일이 잘 되어가다.

	shùn lì	A：你希望顺利通过什么考试？B：我希望顺利通过HSK中级考试。 A：爸爸工作顺利吗？B：爸爸工作顺利。 A：你能顺利完成老师布置的作业吗？B：我能顺利完成老师布置的作业。 A：你最近学习顺利吗？B：我最近学习顺利。
405 顺序	shùn xù	순서. 차례. 순번. 순차. A：考试的时候，你会按照顺序依次答题吗？B：我会按照顺序依次答题。 A：队伍排列一般按照什么顺序？B：从矮到高的顺序。 A：处理事情应该按照什么顺序？B：处理事情应该按照轻重缓急的顺序。 A：汉字有笔划顺序吗？B：汉字有笔划顺序。
406 说明	shuō míng	설명하다. 해설하다. A：一个学生每次见到老师都说"老师，您好！"说明了什么？B：说明学生很懂礼貌。 A：炸鸡店每天总是坐满了客人说明了什么？B：说明炸鸡很好吃。 A：美国的电梯里没有13层说明什么？B：说明美国人不喜欢数字13。 A：你能举例说明一下韩国的旅游景点吗？B：韩国济州岛的汉拿山风景很美丽。
407 硕士	shuò shì	석사. A：你想读硕士吗？B：我想读硕士。 A：在韩国读硕士需要几年？B：在韩国读硕士需要两年。 A：在中国读硕士需要几年？B：在中国读硕士需要三年。 A：你觉得读硕士会对将来有帮助吗？B：我觉得读硕士会对将来有帮助。
408 死	sǐ	(생물이) 죽다. 생명을 잃다. A：你觉得好医生是怎样的医生？B：拥有让病人起死回生的医术。 A：韩国人口出生率高还是死亡率高？B：韩国人口死亡率高。 A：真正的勇士是怎样的人？B：将生死置之度外的人。

409 速度 sù dù	속도 A：你走路的速度快吗？B：我走路的速度快。 A：你跑步的速度快吗？B：我跑步的速度不快。 A：如何才能加快速度学好汉语？B：多听，多说，多写，多读。 A：写作业的速度重要还是质量重要？B：我觉得质量是最重要的。
410 塑料袋 sù liào dài	비닐봉지 A：你经常使用塑料袋吗？B：我经常使用塑料袋。 A：韩国的垃圾应该扔放在哪里？B：韩国的垃圾应该扔放在指定的塑料袋里。 A：韩国垃圾袋分为几种？B：韩国垃圾袋分为两种，一般垃圾袋和食物垃圾袋。 A：你去超市的时候，喜欢用塑料袋还是纸袋，还是布袋？B：我喜欢用布袋。
411 酸 suān	(맛·냄새 등이) 시큼하다. 시다. A：你能吃酸吗？B：我能吃酸。 A：什么水果是酸的？B：山楂是酸的。 A：你喜欢喝酸奶吗？B：我喜欢喝酸奶。 A：你吃过中国有名的川菜"酸菜鱼"吗？B：我吃过"酸菜鱼"。
412 算 suàn	계산하다. 셈하다. 세다. A：你能算一下还有几个月过年吗？B：大概还有9个月。 A：你能算一下1990年出生的人今年多大吗？B：1990年出生的人今年28岁。 A：日子应该怎样过？B：日子应该精打细算地过。 A：你觉得自己算是外向的人还是内向的人？B：我觉得自己算是外向的人。
413 随便 suí biàn	마음대로. 좋을 대로. 자유로이. 함부로. 제멋대로. 그냥 편한 대로. 하고 싶은 대로. A：垃圾可以随便扔吗？B：垃圾不可以随便扔。 A：公共场所可以随便吸烟吗？B：公共场所不可以随便吸烟。

		A：请朋友吃饭的时候我们一般会怎样说？B：随便吃，随便喝，我请客！
414 随着 suí zhe	(...에) 따르다....따라서....뒤이어....에 따라.	
	A：我们的穿衣随着什么变化而变化？B：我们的穿衣随着季节变化而变化。	
	A：随着阅历的增长，人会变得怎样？B：人会变得成熟。	
	A：随着日复一日的学习，我们会怎样？B：随着日复一日的学习，我们会不断地进步。	
	A：随着出生率的降低，人口结构会怎样变化？B：人口数量减少，人口老龄化加重。	
415 孙子 sūn zi	손자.	
	A：爸爸的儿子的儿子叫什么？B：叫孙子。	
	A：你的爷爷有几个孙子？B：我的爷爷有两个孙子。	
	A：《孙子兵法》的作者是谁？B：《孙子兵法》的作者是孙子。	
416 所有 suǒ yǒu	모든. 전부의. 일체의. 전체의.	
	A：中文学院所有的学生都在学什么？B：中文学院所有的学生都在学中文。	
	A：所有出国的人都需要准备什么？B：所有出国的人都需要准备护照。	
	A：你家里的所有事情由谁做主？B：我家里的所有事情由爸爸妈妈做主。	
	A：汉字书上的所有汉字你都会写吗？B：我现在只会写一部分。	
417 台 tái	높고 평평한 건축물. 대. 무대	
	A：你家里有几台电视？B：我家里有两台电视。	
	A：你家里有几台电脑？B：我家里有一台电脑。	
	A：衣服洗完后放在哪里晒？B：衣服洗完后放在阳台上晒。	
	A：演员在哪里表演？B：演员在舞台上表演。	
418 抬 tái	(두 사람 이상이) 맞들다. 함께 들다. 맞메다. 들어 올리다.	
	A：你能抬得动一桶水吗？B：我抬不动一桶水。	
	A：走路的时候抬头挺胸有什么好处？B：既美观，又可以让腰板笔直。	

	A：中秋节的时候中国人会做什么？B：一边吃月饼，一边抬头赏月。
419 态度 tài du	태도 A：我们应该以怎样的态度学习？B：我们应该以认真严谨的态度学习。 A：对待生活的态度可以决定什么？B：对待生活的态度可以决定生活的质量。 A：我们对长辈应该有怎样的态度？B：我们对长辈应该有尊敬的态度。 A：在老师面前我们应该有怎样的态度？B：我们应该有谦虚的态度。
420 谈 tán	말하다. 이야기하다. 토론하다. A：你能谈一下你的理想吗？B：我的理想是当一名老师。 A：学校老师经常和妈妈谈你的学习情况吗？B：妈妈和老师经常谈我的学习情况。 A：你觉得一个人的言谈举止重要吗？B：我觉得一个人的言谈举止很重要。 A：你经常和朋友在一起谈什么事情？B：我经常和朋友在一起谈开心和不开心的事情。
421 弹钢琴 tán gāng qín	피아노를 치다. A：你会弹钢琴吗？B：我不会弹钢琴。 A：你喜欢弹钢琴吗？B：我喜欢弹钢琴。 A：学弹钢琴难不难？B：学弹钢琴很难。
422 汤 tāng	(음식물을 끓인 후 나오는) 국물. 국 A：你喜欢喝什么汤？B：我喜欢喝辣白菜汤。 A：你一次能喝几碗汤？B：我一次能喝两碗汤。 A：你会做海带汤吗？B：我会做海带汤。 A：你喜欢吃汤饭还是炒饭？B：我喜欢吃汤饭。
423 躺 tǎng	눕다. 드러눕다. A：你晚上几点躺下睡觉？B：我晚上11点躺下睡觉。 A：吃完饭马上躺下有什么坏处？B：吃完饭马上躺下不利于消化。

		A：你喜欢躺着看书吗？B：我喜欢躺着看书。
424 趟 tàng	차례. 번.[왕래한 횟수를 세는 데 쓰임]	
	A：你每周去几趟超市？B：我每周去一趟超市。	
	A：你和家人多久去爷爷奶奶家一趟？B：我和家人一般一个月去爷爷奶奶家一趟。	
	A：你去过几趟中国？B：我去过一趟中国。	
425 讨论 tǎo lùn	토론하다.	
	A：你经常和朋友讨论什么问题？B：我经常和朋友讨论学习问题。	
	A：你会和父母讨论什么问题？B：我会和父母讨论生活问题。	
	A：你和老师讨论过什么问题？B：我和老师讨论过学习方法的问题。	
	A：爸爸和妈妈一起讨论什么问题？B：爸爸和妈妈一起讨论工作问题。	
426 讨厌 tǎo yàn	싫어하다. 미워하다. 혐오하다.	
	A：你讨厌小狗吗？B：我不讨厌小狗。	
	A：你觉得怎样的人是令人讨厌的？B：我觉得不懂礼貌的人是令人讨厌的。	
	A：你讨厌吃什么？B：我讨厌吃辣的东西。	
	A：你最讨厌哪个季节？B：我最讨厌夏天。	
427 特点 tè diǎn	특징. 특색. 특점. 특성.	
	A：你觉得汉语的特点是什么？B：我觉得汉语的特点是有声调。	
	A：你能说出朋友的一个特点吗？B：我的一个朋友总是喜欢笑。	
	A：韩国仁川的冬天有什么特点？B：韩国仁川的冬天刮大风。	
	A：语言学习方法的特点是什么？B：语言学习需要多听多说。	
428 提供 tí gōng	(자료·물자·의견·조건 등을) 제공하다. 공급하다. 내놓다.	
	A：每天谁给你提供早饭？B：每天妈妈给我提供早饭。	
	A：你会接受谁提供的建议？B：我会接受家人和朋友提供的建议。	

	A：你喜欢去什么样的酒店？B：我喜欢去提供优质服务的酒店。 A：报考HSK考试的时候需要提供什么信息？B：需要提供身份证信息。	
429 提前 tí qián	(예정된 시간·위치를) 앞당기다. 미리 A：你一般提前几分钟到教室？B：我一般提前五分钟到教室。 A：旅游的时候你会提前准备什么？B：我会提前准备行李。 A：有事不能去上课的时候，你会提前告诉老师吗？B：我会提前告诉老师。 A：爸爸经常提前下班回家吗？B：爸爸不经常提前下班回家。	
430 提醒 tí xǐng	일깨우다. 깨우치다. 주의를 환기시키다. 상기시키다. 조심[경계]시키다. A：每天照镜子可以提醒我们什么？B：每天照镜子可以提醒我们注意自己的形象。 A：要做重要的事情时，你会提前设闹钟提醒自己吗？B：我会提前设闹钟提醒自己。 A：老师提醒过你什么？B：好好学习，珍惜时间。 A：妈妈提醒过你什么？B：多穿衣服，小心感冒。	
431 填空 tián kòng	빈 자리[직위]를 메우다. 빈칸을 채우다. A：HSK考试有填空题吗？B：HSK考试有填空题。 A：你喜欢做选择题还是填空题？B：我喜欢做选择题。 A：怎样才能做好填空题？B：平时需要多加练习。	
432 条件 tiáo jiàn	조건. A：你觉得成功的必要条件是什么？B：顽强的意志力。 A：农村生活条件好还是城市生活条件好？B：城市生活条件好。 A：西瓜的生长条件是什么？B：土壤水分充足，并且日照充足。	
433 停止 tíng zhǐ	멈추다. 정지하다. 중지하다. A：什么事情会让你中途停止学习？B：学习的时候突然来电话了。 A：你学什么的时候中途停止了？B：我学游泳的时候中途停止了。	

		A：你希望什么时候时间可以停止？ B：我希望放假的时候时间可以停止。
434 挺 tǐng	꼿꼿하다. 빳빳하다. 곧다./ 매우 A：你觉得自己的腰板挺直吗？ B：我觉得自己的腰板挺直。 A：妈妈做的饭好吃吗？ B：妈妈做的饭挺好吃。 A：你觉得学习中文有意思吗？ B：我觉得学习中文挺有意思。	
435 通过 tōng guò	(한쪽에서 다른 한쪽으로) 건너가다. 통과하다. 지나가다/ ...을 통해서 A：你希望通过HSK几级考试？ B：我希望通过HSK中级考试。 A：通过读书我们会收获什么？ B：通过读书我们会收获知识和成长。 A：你回家的路上通过十字路口吗？ B：我回家的路上通过十字路口。	
436 通知 tōng zhī	통지. 통지서. 통고서/ 통지하다. A：中文学院的放假通知在哪里？ B：在官网上和学院外面的墙上。 A：高考结束后多久会收到成绩通知？ B：一个月左右。 A：班主任会提前多久通知开家长会？ B：提前一个周左右。	
437 同情 tóng qíng	동정하다. A：你会同情什么人？ B：我会同情孤独的老人。 A：怎样的人不值得同情？ B：因懒惰而贫穷的人不值得同情。 A：你会同情一只无家可归的小狗吗？ B：我会同情一只无家可归的小狗。	
438 推 tuī	밀다. A：你开门的时候习惯推开还是拉开？ B：我习惯推开门。 A：你学习的推动力量是什么？ B：我的家人和朋友给我的鼓励。 A：你能推算一下还有几个月过中秋节吗？ B：还有7个月左右。	
439 推迟 tuī chí	뒤로 미루다. 늦추다. 연기하다. 지연시키다. A：你什么时候会推迟吃饭时间？ B：我忙的时候会推迟吃饭时间。	

85

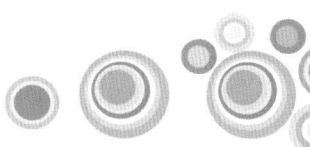

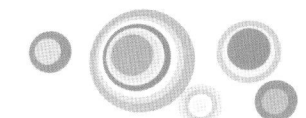

	A：什么事情不能推迟？B：学习的事情不能推迟。 A：看到好吃的东西，你会推迟减肥吗？B：我会吃完再减肥。
440 脱 tuō	(몸에서) 벗다. A：小时候谁给你脱衣服睡觉？B：我的妈妈。 A：什么时候你想脱下外套吗？B：天气太热的时候。 A：什么事情可以让一个人脱胎换骨？B：痛苦后的重生。
441 袜子 wà zi	양말. 스타킹. A：你的袜子多吗？B：我的袜子很多。 A：你喜欢穿长袜还是短袜？B：我喜欢穿短袜。 A：你多久洗一次袜子？B：我每天洗一次袜子。 A：你夏天穿袜子吗？B：我夏天穿袜子。
442 完全 wán quán	완전히. 전적으로 전혀. 아주. 참으로 절대로 전연. 전부. A：你完全相信谁？B：我完全相信家人。 A：你每次感冒需要几天才能完全好？B：一般需要半个月。 A：你觉得一个人的成功完全是靠努力吗？B：我觉得机会和运气也很重要。
443 往 wǎng	(…로) 향하다.…쪽으로 A：从你家往哪个方向走有超市？B：从我家往东走有超市。 A：从中文学院往咖啡厅怎么走？B：坐电梯到二楼。 A：飞机从仁川往济州岛飞行需要多长时间到达？B：一个小时左右。
444 往往 wǎng wǎng	왕왕. 자주. 흔히. 종종. 때때로 이따금. A：超市什么时候人最多？B：往往周末和节假日的时候人最多。 A：爸爸晚上往往几点回家？B：爸爸晚上往往11点回家。 A：成功的机会往往降临到谁的身上？B：成功的机会往往降临到有准备的人的身上。

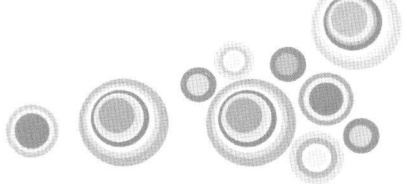

445 网球 wǎng qiú	테니스. 정구. A：你会打网球吗？B：我会打网球。 A：你在哪里打网球？B：我在校园里打网球。 A：你喜欢看日本动漫《网球王子》吗？B：我喜欢看日本动漫《网球王子》。
446 网站 wǎng zhàn	(인터넷) 웹사이트 A：你浏览过中文学院的网站吗？B：我浏览过中文学院的网站。 A：你爸爸的公司有网站吗？B：我爸爸的公司有网站。 A：韩国人经常使用什么网站？B：NAVER网站。 A：中国人经常使用什么网站？B：百度网站。
447 危险 wēi xiǎn	위험하다. A：开车的时候打电话危险吗？B：开车的时候打电话很危险。 A：发生危险时你会拨打什么电话？B：我会拨打急救电话。 A：哪些东西是危险物品？B：刀、枪、火药和毒品等。
448 味道 wèi dào	맛. A：妈妈做的饭是什么味道？B：家的味道。 A：我们可以使用什么判断味道？B：鼻子和舌头。 A：你喜欢什么味道的香水？B：我喜欢百合花味道的香水。 A：味道有哪些？B：酸、甜、苦、辣、咸。
449 温度 wēn dù	온도 A：你喜欢多少温度的环境？B：我喜欢20度左右的环境。 A：水沸腾的温度是多少？B：100摄氏度。 A：你喜欢哪个季节的温度？B：我喜欢春天的温度。 A：你使用多少温度的水洗澡？B：我使用40摄氏度左右的水洗澡。

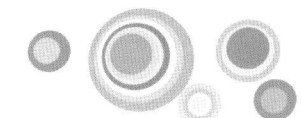

450 文章 wén zhāng	독립된 한 편의 글. 문장. 글월.	
	A：你喜欢读怎样的文章？	B：我喜欢读小说和散文。
	A：你能用中文写一篇文章吗？	B：我可以用中文写一篇自我介绍。
	A：写文章之前需要做什么准备？	B：写文章之前需要构思。
	A：HSK几级考试要求写文章？	B：HSK4级以上考试要求写文章。
451 握手 wò shǒu	악수(하다). 손을 잡다.	
	A：你喜欢和朋友握着手逛街吗？	B：我喜欢和朋友握着手逛街。
	A：你和谁见面时会握手问好？	B：我和好久不见的朋友见面时会握手问好。
	A：两国领导见面时会首先做什么？	B：首先会握手问好。
452 污染 wū rǎn	오염시키다. 오염(되다)	
	A：仁川的环境污染严重吗？	B：仁川的环境污染不严重。
	A：如何减少空气污染对我们身体的危害？	B：出门时带口罩。
	A：上课的时候外面施工的声音对我们是一种什么污染？	B：噪声污染。
453 无 wú	…이 없다.	
	A：你能说出一件无人不知道的事情吗？	B：韩国的首都是首尔。
	A：你能说出一个无人相信的事情吗？	B：太阳会从西边升起。
	A：你能说出一个无人不喜欢的东西吗？	B：钱币。
454 无聊 wú liáo	무료하다. 따분하다. 지루하다. 심심하다.	
	A：你无聊的时候会做什么？	B：我无聊的时候会看电视。
	A：你觉得什么电视节目比较无聊？	B：我觉得新闻节目比较无聊。
	A：你一般什么时候会觉得无聊？	B：我一个人的时候会觉得无聊。
455 无论 wú lùn	…을[를] 막론하고 …을[를] 따지지 않고 …에 관계 없이 …든지.	
	A：无论天气怎样，你都会做什么？	B：无论天气怎样，我都会坚持运动。

		A：无论学习多么难，你都会坚持学习吗？B：我都会坚持学习。
456 误会 wù huì		오해(하다).
		A：怎样避免朋友间的误会？B：多与朋友交流和沟通。
		A：被人误会是一种什么感觉？B：被人误会的时候感觉很委屈。
		A：去中国说不好汉语会怎样？B：和中国人交流的时候会产生误会。
457 西红柿 xī hóng shì		토마토
		A：你喜欢吃西红柿吗？B：我喜欢吃西红柿。
		A：你觉得西红柿生着吃好吃还是熟着吃好吃？B：我觉得生着吃更好吃。
		A：你会做西红柿炒鸡蛋这道菜吗？B：我会做西红柿炒鸡蛋这道菜。
458 吸引 xī yǐn		흡인하다. 빨아당기다[빨아들이다]. 잡아끌다. 매료시키다.
		A：你会被怎样的人吸引？B：我会被正直的人吸引。
		A：学生会被老师讲的什么内容吸引？B：学生会被有趣的故事吸引。
		A：你会被怎样的风景吸引？B：我会被山水风景吸引。
459 洗衣机 xǐ yī jī		세탁기.
		A：你家里有几台洗衣机？B：我家里有一台洗衣机。
		A：你经常使用洗衣机吗？B：我经常使用洗衣机。
		A：你使用洗衣机洗一次衣服需要多长时间？B：需要50分钟左右。
460 咸 xián		짜다.
		A：你喜欢吃偏咸的食物还是偏淡的食物？B：我喜欢吃偏淡的食物。
		A：眼泪是什么味道？B：眼泪是咸咸的味道。
		A：世界上最咸的海是什么海？B：里海。
461 现代 xiàn dài		현대.
		A：你喜欢现代汽车吗？B：我喜欢现代汽车。

		A：你喜欢生活在现代还是古代？B：我喜欢生活在现代。
462 羡慕 xiàn mù	흠모하다. 부러워하다. 탐내다.	
	A：你在哪方面羡慕过别人？B：我在钢琴方面羡慕过别人。	
	A：你觉得最让人羡慕的事情是什么？B：博学多识。	
	A：你羡慕朋友什么？B：我羡慕朋友会唱歌。	
463 限制 xiàn zhì	제한하다. 한정하다. 속박하다. 구속하다. 제약하다. 규제하다.	
	A：妈妈限制你晚上的时间吗？B：妈妈说晚上10点之前必须回家。	
	A：地下停车场有停车数量限制吗？B：地下停车场有停车数量限制。	
	A：HSK考试有时间限制吗？B：HSK考试有时间限制。	
464 香 xiāng	향기롭다.	
	A：你经常喷香水吗？B：我不经常喷香水。	
	A：妈妈做的饭怎么样？B：妈妈做的饭香喷喷的。	
	A：你喜欢吃香肠吗？B：我喜欢吃香肠。	
465 相反 xiāng fǎn	반대로. 거꾸로. 오히려. 도리어. 상반되다.	
	A：你和朋友的性格相近还是相反？B：我和朋友的性格相近。	
	A：你喜欢外表和内心相反的人吗？B：我不喜欢。	
	A：怎样才能全面地思考问题？B：一致的方向和相反的方向都应该思考一下。	
466 详细 xiáng xì	상세하다. 자세하다. 세세하다.	
	A：你能详细理解老师上课讲的内容吗？B：我能详细理解老师上课讲的内容。	
	A：你能详细介绍一下你的家人情况吗？B：我们家有三口人，爸爸、妈妈和我。	
	A：怎样才能详细地了解中国？B：直接去中国旅游或者生活。	
467 响 xiǎng	소리가 나다. 울리다. 소리를 내다.	
	A：你每天听着闹钟声起床吗？B：我每天自然醒。	

		A：国歌响起的时候，我们应该怎么做？B：我们应该敬礼。
		A：你能听到屋里钟表里的响声吗？B：夜深的时候我能听到屋里钟表的响声。
468 消息 xiāo xi	소식. 기별. 편지.	
	A：你有帮别人传达过消息吗？B：我帮朋友传达过消息。	
	A：你最近有没有什么好消息？B：我最近汉语学习进步很大。	
	A：我们从哪里可以很快知道各种消息？B：我们从网上可以很快知道各种消息。	
469 小说 xiǎo shuō	소설.	
	A：你喜欢读小说吗？B：我喜欢读小说。	
	A：你最喜欢的一部小说是什么？B：是《哈利波特》。	
	A：中国四大著名小说是什么？B：《红楼梦》、《三国演义》、《水浒传》和《西游记》。	
470 笑话 xiào hua	우스운 이야기. 농담.	
	A：你喜欢听笑话吗？B：我喜欢听笑话。	
	A：你会讲笑话吗？B：我不太会讲笑话。	
	A：别人失败的时候你会笑话他吗？B：我不会。	
471 效果 xiào guǒ	효과.	
	A：你觉得使用电脑讲课效果怎么样？B：我觉得效果很好。	
	A：感冒的时候你吃药更有效果还是打针更有效果？B：我打针更有效果。	
	A：你学习中文希望获得怎样的效果？B：我希望以后去中国旅游的时候交流没有问题。	
472 辛苦 xīn kǔ	고생스럽다. 수고롭다. 고되다.	
	A：爸爸妈妈每天工作辛苦吗？B：爸爸妈妈每天工作很辛苦。	
	A：你愿意为了自己的梦想而辛苦吗？B：我愿意为了自己的梦想而辛苦。	
	A：你觉得什么事情比较辛苦？B：挣钱比较辛苦。	
473 心情	심정. 감정. 마음. 기분. 정서.	

xīn qíng	A：你现在的心情怎么样？B：我现在的心情很好。	
	A：你的心情会受天气影响吗？B：我的心情会受天气影响。	
	A：你希望每天拥有怎样的心情？B：我希望每天都能开开心心的。	
	A：怎样才能保持好的心情？B：无论发生什么事情，都保持乐观，积极的心态。	
474 信任 xìn rèn	신임하다. 신뢰하다. 믿고 맡기다.	
	A：谁是你最信任的人？B：我的家人。	
	A：你愿意信任怎样的人？B：我愿意相信正直的人。	
	A：朋友之间最重要的是什么？B：彼此信任。	
475 信心 xìn xīn	자신(감). 믿음.	
	A：你有学好汉语的信心吗？B：我有学好汉语的信心！	
	A：信心对成功有多么重要？B：信心是成功的前提。	
	A：怎样培养信心？B：努力学习，做出成就。	
476 信用卡 xìn yòng kǎ	신용 카드	
	A：你有信用卡吗？有几张？B：我有一张信用卡。	
	A：你在哪里办信用卡？B：我在银行办信用卡。	
	A：你什么时候会使用信用卡？B：我买衣服的时候会使用信用卡。	
477 兴奋 xīng fèn	(감정을) 불러 일으키다. 격동하다. 격분하다. 흥분하다.	
	A：什么事情会让你兴奋得一晚上都睡不着觉？B：第二天要去旅游。	
	A：听到好听的音乐你会兴奋吗？B：我会兴奋得跳起舞来。	
	A：为什么困的时候有人喜欢喝咖啡？B：因为咖啡可以让人的大脑兴奋。	
478 行 xíng	좋다….해도 좋다….해도 된다.	
	A：来上课的时候忘记带课本行吗？B：不行。	
	A：你觉得怎样减肥才行？B：每天坚持运动。	

		A：你一个人去国外旅游能行吗？B：我行的。
479 醒 xǐng		잠에서 깨다. 깨어나다. A：你一般早上几点自然醒？B：一般早上6点自然醒。 A：妈妈早上会叫醒你吗？B：妈妈早上会叫醒我。 A：什么事情会让你醒悟？B：失败的经历会让我醒悟。
480 性别 xìng bié		성별. A：你觉得现在社会有性别歧视吗？B：现代社会已经没有性别歧视了。 A：你觉得男女性别不同导致什么也不同？B：性别不同导致思考方式也不同。 A：如果有下辈子，你想换性别吗？B：如果有下辈子，我想换性别。
481 性格 xìng gé		성격. A：性格不同的人可以成为朋友吗？B：性格不同的人也可以成为好朋友。 A：性格对人一生的影响是什么？B：性格决定人生。 A：你和爸爸的性格像还是和妈妈的性格像？B：我和妈妈的性格像。 A：性格可以改变吗？B：性格很难改变。
482 幸福 xìng fú		행복하다. A：什么事情会让你感到幸福？B：吃到很美味的食物。 A：你和谁在一起时感到最幸福？B：我和家人在一起时感到最幸福。 A：什么样的家庭是幸福的？B：和睦的家庭是幸福的。 A：如何获得幸福？B：爱自己，爱别人，并通过努力成为优秀的人。
483 修 xiū		수리하다. 보수하다. 수선하다. 손질하다. A：你们家电器坏的时候谁来修？B：爸爸修，或者叫维修工人来帮忙修。 A：你去哪里修手机？B：我去手机售后服务处修手机。 A：你自己修过刘海吗？B：我都是去理发店修刘海。

 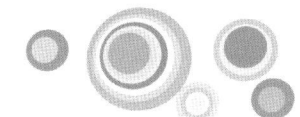

484 许多 xǔ duō	매우 많다. 허다하다.	
	A：你有许多什么？B：我有许多小秘密。	
	A：小河里有多少鱼？B：小河里有许多鱼。	
	A：你喜欢去有许多人的热闹地方吗？B：我不喜欢去有许多人的热闹地方。	
	A：你每天有许多事情要做吗？B：我每天有许多事情要做。	
485 血 xuè	피. 혈액.	
	A：你献过血吗？B：我大学的时候献过血。	
	A：你是什么血型？B：我是A型血。	
	A：你觉得血型和性格有关系吗？B：我觉得血型和性格有一定的关系。	
486 压力 yā lì	압력. 스트레스	
	A：你学习的时候压力大吗？B：学习的时候压力不大，考试的时候压力很大。	
	A：在学习上，你的爸爸妈妈给过你压力吗？B：爸爸妈妈给过我压力。	
	A：怎样缓解压力？B：运动或者听音乐可以缓解压力。	
487 牙膏 yá gāo	치약.	
	A：你喜欢什么味道的牙膏？B：我喜欢绿茶味道的牙膏。	
	A：你每天使用几次牙膏？B：我每天使用三次牙膏。	
	A：你的牙膏是谁给买的？B：我的牙膏是妈妈给买的。	
488 亚洲 yà zhōu	아시아㈜	
	A：中国和韩国都属于哪个大洲？B：中国和韩国都属于亚洲。	
	A：亚洲人口最多的国家是哪国？B：中国。	
	A：亚洲最大的城市是哪个城市？B：亚洲最大的城市是日本东京。	
489 呀 ya	긍정, 문의, 감탄 등을 나타내는 조사	
	A：公园里的风景怎么样？B：公园里的风景真美呀！	

	A：韩国女明星金泰熙漂亮吗？B：金泰熙好漂亮呀！ A：韩国男演员宋仲基长得帅吗？B：宋仲基长得好帅呀！
490 盐 yán	소금. 식염. A：你吃米肠的时候会蘸着盐吃吗？B：我一般不蘸着盐吃。 A：妈妈做饭的时候喜欢多放盐吗？B：妈妈做饭的时候喜欢少放盐。 A：大海由什么组成？B：大海由海水和盐组成。
491 严格 yán gé	엄격하다. 엄하다. A：你对自己哪方面有严格的要求？B：我对自己学习方面有严格的要求。 A：在法律面前我们应该怎样做？B：我们应该严格守法。 A：成功的人是怎样的人？B：成功的人是对自己要求严格的人。
492 严重 yán zhòng	(정세·추세·정황 등이) 위급하다. 심각하다. (영향이) 엄중하다. 막대하다. 심각하다. A：你患过严重的感冒吗？B：我去年冬天患过严重的感冒。 A：仁川的空气污染严重吗？B：仁川的空气污染不严重。 A：你觉得自然灾害会给人来造成什么影响？B：自然灾害会给人类的生活造成严重的损害。
493 研究生 yán jiū shēng	대학원생. 연구생. A：研究生毕业后获得什么学位？B：硕士学位。 A：你们学校的研究生多吗？B：我们学校的研究生很多。 A：在韩国，研究生需要读几年？B：在韩国，研究生一般需要读两年。
494 演出 yǎn chū	공연하다. A：你喜欢看谁的演出？B：我喜欢看BIg bANG的音乐演出。 A：你在学校参加过什么演出？B：我在学校参加过舞蹈演出。 A：你看过京剧演出吗？B：我在电视上看过京剧演出。
495 演员	배우. 연기자.

yǎn yuán	A：你想成为一名演员吗？B：我想成为一名演员。	
	A：你觉得对一个演员来说，外貌和演技哪个更重要？B：我觉得演技更重要。	
	A：你最喜欢的中国演员是谁？B：刘德华。	
496 阳光 yáng guāng	양광. 햇빛. 태양의 빛[광선].	
	A：你现在能看到阳光吗？B：我现在能看到阳光。	
	A：你喜欢哪个季节的阳光？B：我喜欢冬天的阳光。	
	A：人类生存离不开什么？B：阳光、空气和水。	
	A：你是一个阳光的人吗？B：我是一个阳光的人。	
497 养成 yǎng chéng	습관이 되다. 길러지다. 기르다.	
	A：你希望自己养成什么习惯？B：我希望自己养成读书的习惯。	
	A：一般一个习惯的养成需要坚持多久？B：一般需要坚持21天。	
	A：你觉得什么好习惯比较难养成？B：我觉得早睡早起的习惯比较难养成。	
498 样子 yàng zi	모양. 모습. 꼴. 형태.	
	A：你喜欢自己什么时候的样子？B：我喜欢自己开心时候的样子。	
	A：和去年相比，你的朋友还是老样子吗？B：我的朋友今年比去年漂亮多了。	
	A：你喜欢住在什么样子的房子里面？B：我喜欢住在有落地窗的房子里面。	
	A：你想去什么样子的大学读书？B：我想去环境好的大学读书。	
499 邀请 yāo qǐng	초청하다. 초대하다.	
	A：爸爸经常邀请谁到家里吃饭？B：爸爸经常邀请公司的同事到家里吃饭。	
	A：韩国人结婚的时候都邀请哪些人？B：家人、亲戚、朋友和同事等。	
	A：你被谁邀请过做什么？B：我被朋友邀请过一起去听演唱会。	
500 钥匙 yào shi	열쇠.	
	A：你有钥匙吗？B：我有钥匙。	

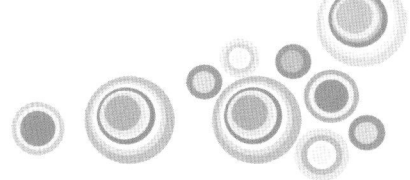

		A：你有几把钥匙？ B：我有两把钥匙。
		A：你有什么钥匙？ B：我有自行车钥匙和抽屉的钥匙。
		A：你爸爸有什么钥匙？ B：我爸爸有汽车的和家里的钥匙。
		A：你以前丢过钥匙吗？ B：我没有丢过钥匙。
501 也许 yě xǔ	어쩌면. 아마도 [추측이나 짐작을 하여 단정하지 못함을 나타냄]	
		A：你觉得明天天气会怎么样？ B：明天也许是个晴天。
		A：你为什么这么努力学习？ B：也许将来有一天，我也会成为名人。
		A：为什么坚持梦想？ B：因为也许梦想会实现。
502 页 yè	(책의) 쪽. 면. 페이지	
		A：汉字书一共有多少页？ B：汉字书一共有115页。
		A：书的第一页一般是什么内容？ B：书的第一页一般是目录。
		A：你一次能看几页小说书？ B：我一次能看20页小说书。
		A：练习题的答案一般在第几页？ B：练习题的答案一般在书的最后几页。
503 叶子 yè zi	잎. 잎사귀.	
		A：树的叶子是什么颜色？ B：树的叶子是绿色的。
		A：秋天的时候叶子会变成什么颜色？ B：秋天的时候叶子会变成黄色。
		A：你喜欢什么树的叶子？ B：我喜欢梧桐树的叶子。
504 一切 yí qiè	일체. 전부. 모든.	
		A：父母所做的一切都是为了谁？ B：父母所做的一切都是为了孩子。
		A：现在一切的努力都是为了什么？ B：为了将来能有一个美好的生活。
		A：你愿意为谁付出一切？ B：我愿意为家人付出一切。
		A：法律的威严是什么？ B：我们所做的一切事情都需要遵守法律。
505 以	…(으)로(써)．…을[를] 가지고．…을[를] 근거로	

yǐ	A：妈妈以你骄傲的事情是什么？B：我考上了大学。	
	A：以你一个人的力量可以搬动一张桌子吗？B：以我一个人的力量搬不动一张桌子。	
	A：以你现在的年纪，可以独立生活吗？B：以我现在的年纪，不可以独立生活。	
	A：以你现在的汉语水平，你可以参加HSK几级考试？B：我可以参加HSK4级考试。	
506 亿 yì	억. A：一亿韩元相当于多少人民币？B：一亿韩元相当于60万人民币。 A：地球上有多少人？B：地球上约有70亿人。 A：一升酸奶中含有多少个乳酸菌？B：一升酸奶中含有约10亿乳酸菌。	
507 意见 yì jiàn	견해. 의견. A：你会听取谁的意见？B：我会听取家人和朋友的意见。 A：你和朋友之间有意见不一致的时候吗？B：我们有意见不一致的时候。 A：你对学习汉语有什么好的意见？B：我觉得学习汉语应该多和中国人交流。	
508 艺术 yì shù	예술. A：你喜欢的艺术作品是什么？B：梵高的《星夜》。 A：你想成为一名什么艺术家吗？B：我想成为一名绘画艺术家。 A：艺术创作需要什么？B：艺术创作需要灵感。 A：你参观过艺术展览吗？B：我参观过艺术展览。	
509 因此 yīn cǐ	그로 인하여. 그래서. 이 때문에. A：你为什么努力学习？B：我知道自己学识浅薄，因此更加努力学习。 A：我们为什么要孝敬父母？B：父母对我们有养育之恩，因此我们要孝敬父母。 A：为什么我们需要运动？B：运动可以让我们变得更健康和漂亮，因此我们需要运动。	
510 饮料 yǐn liào	음료 A：你喜欢喝什么饮料？B：我喜欢喝橙汁饮料。	

		A：你一天喝几瓶饮料？B：我一天喝一瓶饮料。
		A：你喜欢喝冷饮料还是热饮料？B：我冬天的时候喜欢喝热饮料，夏天的时候喜欢喝冷饮料。
		A：你会自己做饮料吗？B：我会做果汁。
511	引起 yǐn qǐ	(주의를) 끌다. 야기하다. 불러 일으키다.(사건 등을) 일으키다. A：台风会引起什么？B：台风会引起海啸。 A：酒后驾车会引起什么？B：酒后驾车会引起交通事故。 A：语言不通会引起什么？B：语言不通会引起误会。
512	印象 yìn xiàng	인상. A：你觉得人的第一印象重要吗？B：我觉得人的第一印象很重要。 A：你对中国北京有怎样的印象？B：北京烤鸭和万里长城很有名。 A：令你印象最深刻的一次旅游是什么？B：去中国台湾的旅游。 A：印象派画家代表人是谁？B：法国画家莫奈。
513	赢 yíng	이익을 얻다. 이윤을 남기다. 이기다. A：你在什么比赛中赢得过第一名？B：我在英语演讲比赛中赢得过第一名。 A：怎样的人才是真正的人生赢家？B：身体健康，家庭幸福，事业成功。 A：你玩过赢钱的游戏吗？B：我玩过赢钱的游戏。 A：你玩儿游戏的时候赢过钱吗？B：我赢过一点儿钱。 A：你是一个在意输赢的人吗？B：我是一个在意输赢的人。
514	硬 yìng	단단하다. 딱딱하다. 경화되다. 견고하다. 굳다. A：你喜欢吃硬面包还是软面包？B：我喜欢吃软面包。 A：你喜欢用硬币还是纸币，还是刷卡？B：我喜欢刷卡。 A：电脑由哪两部分组成？B：硬件和软件。 A：你喜欢吃硬糖还是软糖？B：我喜欢吃硬糖。

515 勇敢 yǒng gǎn	용감하다. A：你是一个勇敢的人吗？ B：我是一个勇敢的人。 A：你做过的最勇敢的事情是什么？ B：我一个人坐飞机去国外旅游。 A：在你心目中，爸爸是一个勇敢的人吗？ B：爸爸是一个勇敢的人。 A：遇到困难我们应该怎么办？ B：我们应该勇敢面对。
516 永远 yǒng yuǎn	영원히. 길이길이. 언제까지나. 언제나. 항상. A：谁会永远爱着我们？ B：家人会永远爱着我们。 A：空想不干会成功吗？ B：空想不干永远不会成功。 A：你永远忘不了什么？ B：我永远忘不了帮助过我的人。 A：无论走到哪里，我们永远不能忘记什么？ B：无论走到哪里，我们永远不能忘记祖国。
517 优点 yōu diǎn	장점. A：你的优点是什么？ B：我的优点是画画很好看。 A：我们应该怎样向别人学习？ B：学习别人的优点，弥补自己的缺点。 A："尺有所短，寸有所长"是什么意思？ B：每个人都由优点和缺点，我们应该互相学习。 A：在中文学院学习的优点是什么？ B：在中文学院可以和老师一起愉快高效地学习中文。
518 优秀 yōu xiù	(품행이나 학업·성적 등이) 아주 뛰어나다. 우수하다. A：你想成为一名优秀的人吗？ B：我想成为一名优秀的人。 A：你觉得爸爸是优秀的人吗？ B：我觉得爸爸是优秀的人。 A：如何让自己更加优秀？ B：多读书，多运动。 A：你希望和怎样的人做朋友？ B：我希望和优秀的人做朋友。
519 幽默 yōu mò	유머하다. A：你觉得自己是一个幽默的人吗？ B：我觉得自己是一个幽默的人。 A：你喜欢和幽默的人在一起玩吗？ B：我喜欢和幽默的人在一起玩。

	A：你的家人中谁最幽默？B：我爸爸最幽默。	
	A：你读过幽默的书吗？B：我读过幽默的书。	
520 由 yóu	유래. 원인. 까닭. 이유./...이(가)[동작의 주체를 끌어내는 개사] A：家里的饭由妈妈一个人做吗？B：家里的饭由妈妈一个人做。 A：你的心情会由天气影响吗？B：我的心情会由天气影响。 A：HSK中级考试由几部分组成？B：HSK中级考试由听力，阅读，写作三部分组成。 A：你家里的汽车由谁开？B：我家里的汽车由爸爸开。	
521 由于 yóu yú	...때문에....(으)로 인하여.[동작 행위의 원인이나 이유를 이끌어 냄] A：你会由于害羞而脸红吗？B：我会由于害羞而脸红。 A：你由于生病不能做什么？B：我由于生病不能去上课。 A：学习为什么是紧迫的？B：由于时间不等人，错过了美好的学习时光，后悔也来不及了。 A：为什么要在家自己做饭吃？B：由于饭馆的饭价格又贵量又少，在家做饭吃更好。	
522 尤其 yóu qí	더욱이. 특히. A：考试的时候什么尤其重要？B：认真仔细尤其重要。 A：你尤其喜欢吃什么水果？B：我尤其喜欢吃苹果。 A：你哪门科目尤其学得好？B：我英语尤其学得好。 A：什么动物尤其可爱？B：熊猫尤其可爱。	
523 有趣 yǒu qù	재미있다. 흥미가 있다. 흥미를 끌다. A：小时候妈妈会给你讲有趣的童话故事吗？B：小时候妈妈会给我讲有趣的童话故事。 A：你觉得什么娱乐节目有趣？B：我觉得《跑男》最有趣。 A：中文课有趣吗？B：中文课很有趣。 A：你喜欢喝有趣的人做朋友吗？B：我喜欢喝有趣的人做朋友。	
524 友好	우호적이다.	

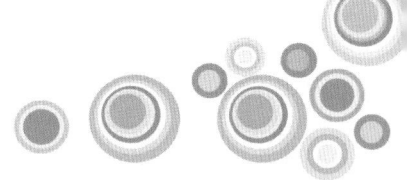

	yǒu hǎo	A：你和邻居关系友好吗？B：我和邻居关系友好。
		A：在学校和同学应该怎样相处？B：在学校和同学应该友好相处。
		A：在公司和同事应该怎样相处？B：在公司和同事应该友好相处。
		A：怎样才能获得别人的友好？B：首先应该对别人友好。
525 友谊 yǒu yì	우의. 우정.	
	A：和朋友之间的感情称为什么？B：和朋友之间的感情称为友谊。	
	A：真正的友谊是怎样的？B：真正的友谊经得起时间和患难的考验。	
	A：怎样可以增进友谊？B：比赛可以增进友谊。	
526 愉快 yú kuài	기쁘다. 유쾌하다. 즐겁다. 기분이 상쾌하다.	
	A：你最愉快的时候是什么时候？B：我最愉快的时候是家人在一起过年。	
	A：怎样的天气会让你心情愉快？B：风和日丽的天气会让我心情愉快。	
	A：你想怎样愉快地度过假期？B：假期的时候，我想去旅游。	
	A：你和同学相处得愉快吗？B：我和同学相处得很愉快。	
527 于是 yú shì	그래서. 이리하여. 그리하여. 이에. 이 때문에.	
	A：妈妈做饭好吃吗？B：妈妈做饭很好吃，于是我总想回家吃饭。	
	A：挣钱容易吗？B：挣钱不容易，于是我不敢乱花钱。	
	A：外在形象重要吗？B：外在形象很重要，于是我们要注重穿衣打扮。	
	A：发脾气对身体好吗？B：发脾气对身体不好，于是我们应学会宽容。	
528 与 yǔ	…와[과]	
	A：春天与秋天，你更喜欢哪一个季节？B：我更喜欢春天。	
	A：咖啡与果汁，你喜欢喝哪一个？B：我喜欢喝咖啡。	
	A：汉语和韩语，你觉得哪一个更难学？B：我觉得汉语更难学。	
	A：爸爸与妈妈谁更忙？B：爸爸更忙。	

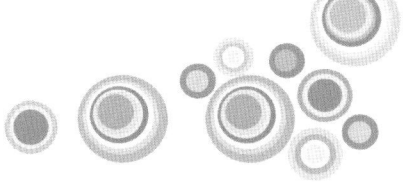

529 语法 yǔ fǎ	어법. 말법. 문법 A：汉语语法难学吗？B：汉语语法不难学。 A：你有语法书吗？B：我有英语和汉语的语法书。 A：汉语语法和英语语法相同吗？B：汉语语法和英语语法不完全相同。 A：怎样才能学好语法？B：通过多造例句理解和掌握语法。
530 语言 yǔ yán	언어 A：语言是什么？B：语言是人类的重要交流工具。 A：你会说几种语言？B：我会说三种语言。 A：你和谁有共同语言？B：我和好朋友有共同语言。 A："祸从口出"强调了什么？B：使用语言时要慎重，不能随便讲话。
531 羽毛球 yǔ máo qiú	배드민턴. A：你会打羽毛球吗？B：我会打羽毛球。 A：你喜欢在哪里打羽毛球？B：我喜欢在公园里打羽毛球。 A：中国最厉害的羽毛球选手是谁？B：林丹。
532 预习 yù xí	예습하다. A：今天上课的内容你预习过吗？B：上课之前我预习过了。 A：在预习课本的过程中遇到问题怎么办？B：标记出来，等上课的时候请教老师。 A：上课的重要两个阶段是什么？B：预习和复习。
533 圆 yuán	둥글다. A：地球是什么形状？B：地球是椭圆形的。 A：在韩国圆圈符号代表什么？B：圆圈符号代表正确。 A：你是圆脸型还是方脸型？B：我是方脸型。 A：月亮什么时候是最圆的？B：中秋节的时候月亮最圆。

534 原来 yuán lái	이전에. 당초. 처음에. 원래. 본래. 알고 보니 A：你原来住在哪个城市？ B：我原来就住在仁川。 A：青罗原来是什么？ B：青罗原来是一片海。 A：那个学生为什么走路来学院？ B：原来他家离学院很近。 A：那个孩子下课后为什么没有回家？ B：原来她在等妈妈来接她。
535 原谅 yuán liàng	양해하다. 이해하다. 용서하다. A：你觉得什么事情不能原谅？ B：我觉得欺骗别人的行为是不能原谅的。 A：你原谅过朋友什么事情？ B：我原谅过朋友约会迟到的事情。 A：你做错过什么事情妈妈原谅你了？ B：我不小心把饭碗打碎了，妈妈原谅我了。 A：犯相同的错误时你会原谅自己吗？ B：犯相同的错误时我不会原谅自己。
536 原因 yuán yīn	원인. A：无论成功或失败我们都应该怎样做？ B：我们应该总结失败或成功的原因，积累经验。 A：飞机会因为什么原因延迟起飞？ B：天气或机械故障原因。 A：你学习汉语的原因是什么？ B：我想去中国工作。 A：分析一个问题，你习惯找主观原因还是客观原因？ B：我习惯先找主观原因。
537 约会 yuē huì	만날 약속을 하다. A：约会的时候你喜欢被人等吗？ B：我不喜欢被人等。 A：你喜欢约会总是迟到的人吗？ B：我不喜欢约会总是迟到的人。 A：你约会的时候会穿什么衣服？ B：约会的时候我会穿漂亮的连衣裙。 A：你最近有约会吗？ B：我这个周末和朋友在首尔约会。
538 阅读 yuè dú	열독하다. (책이나 신문을) 보다. 읽다. A：HSK考试有阅读题吗？ B：HSK考试有阅读题。 A：你喜欢阅读什么书？ B：我喜欢阅读小说。

	A：你一般在哪里阅读？B：我一般在自己的房间里阅读。	
	A：你阅读的速度快吗？B：我阅读的速度不快。	
539 允许 yǔn xǔ	동의하다. 허가하다. 응낙하다. 허락하다. A：地铁里允许抽烟吗？B：地铁里不允许抽烟。 A：学生在校期间允许谈恋爱吗？B：在校期间不允许谈恋爱。 A：出国留学要经过谁的允许？B：出国留学要经过父母的允许。 A：教室里允许大声喧哗吗？B：教室里不允许大声喧哗。	
540 杂志 zá zhì	잡지. A：你看过什么杂志？B：我看过时尚杂志。 A：你的文章在杂志上发表过吗？B：我的英语演讲文章在杂志上发表过。 A：你的学校里有杂志社吗？B：我的学校里有杂志社。 A：你怎么处理过期的杂志书？B：定期整理后扔掉。	
541 咱们 zán men	우리(들).[자신과 대화에 참여한 모든 사람을 포함] A："咱们"和"我们"的区别是什么？B："咱们"表示关系更亲切。 A：咱们班今天来了几个学生？B：咱们班今天来了两个学生。 A：咱们今天午饭吃什么？B：咱们吃炸酱面吧！ A：咱们学院几点开门？B：咱们学院上午10点开门。	
542 暂时 zàn shí	잠깐. 잠시. 일시. A：上课累的时候可以暂时休息一下吗？B：上课累的时候可以暂时休息一下。 A：开会的时候可以暂时接一下电话吗？B：开会的时候最好不要接电话。 A：生病的时候可以暂时不来上课吗？B：生病的时候可以暂时不来上课。	
543 脏 zāng	더럽다. 불결하다. 지저분하다 A：你的手现在脏不脏？B：我的手现在不脏。	

	A：你有没洗的脏衣服吗？B：我有没洗的脏衣服。 A：你说脏话吗？B：我不说脏话。 A：车玻璃什么时候会变脏？B：下雨天的时候车玻璃会变脏。
544 责任 zé rèn	책임. A：你现在的责任是什么？B：我现在的责任是好好学习。 A：爸爸的责任是什么？B：爸爸的责任是挣钱养家。 A：妈妈的责任是什么？B：妈妈的责任是照顾孩子。 A：你是一个有责任心的人吗？B：我是一个有责任心的人。
545 增加 zēng jiā	증가하다. 더하다. 늘리다. A：你的饭量一般什么时候会增加？B：冬天的时候我的饭量会增加。 A：你的体重比去年增加了吗？B：我的体重和去年差不多。 A：你觉得仁川的什么在增加？B：仁川的楼房和人口在增加。 A：你希望中文课增加一些什么内容？B：我希望中文课增加一些有趣的小故事。
546 增长 zēng zhǎng	증가하다. 늘어나다. 제고하다. 향상시키다. 높아지다. 신장하다. 끌어 올리다. A：读书可以给我们带来什么？B：读书可以增长我们的见识。 A：你的身高今年有增长吗？B：我的身高今年有增长。 A：随着年龄的增长，我们收获了什么？B：随着年龄的增长，我们的阅历也在增长。 A：政府的核心任务是什么？B：政府的核心任务是促进经济增长。
547 窄 zhǎi	협소하다.(폭이) 좁다. A：你觉得教室的桌子窄吗？B：教室的桌子不窄。 A：你家门口的街道窄吗？B：我家门口的街道很宽阔。 A：心胸狭窄的人会成功吗？B：心胸狭窄的人不会成功。 A：公园里的小河窄吗？B：公园里的小河不窄。

548 招聘 zhāo pìn	(공모의 방식으로) 모집하다. 초빙하다. 초청하다. 채용하다.	
	A：你参加过毕业招聘会吗？	B：我参加过毕业招聘会。
	A：公司哪个部门负责招聘工作？	B：人力资源部门负责招聘工作。
	A：从哪里可以看到招聘信息？	B：从招聘网站上可以看到招聘信息。
549 真正 zhēn zhèng	진정한. 참된. 순수한. 진짜의. 명실상부한.	
	A：真正的感情是怎样的？	B：真正的感情是经得起时间考验的。
	A：如何真正学好汉语？	B：经常和中国人交流，多去中国旅游。
	A：真正好吃的中国菜是什么？	B：糖醋肉和羊肉串。
	A：一个人有几个真正的朋友？	B：真正的朋友其实并不多。
550 整理 zhěng lǐ	정리하다.	
	A：你多久整理一次房间？	B：我每周整理一次房间。
	A：出国的时候谁帮你整理行李？	B：出国的时候妈妈帮我整理行李。
	A：写日记有什么好处？	B：写日记可以整理一天的心情，反省和鼓励自己。
	A：你多久整理一次你的书包？	B：我每天晚上整理一次我的书包。
551 整齐 zhěng qí	정연하다. 단정하다. 깔끔하다. 가지런하다.	
	A：你的牙齿长得整齐吗？	B：我的牙齿长得很整齐。
	A：教室里的桌椅摆放得整齐吗？	B：教室里的桌椅摆放得很整齐。
	A：你家附近的楼房建筑整齐吗？	B：我家附件的楼房建筑很整齐。
	A：你写字整齐漂亮吗？	B：我写字整齐漂亮。
552 正常 zhèng cháng	정상적인.	
	A：人每天正常需要吃几顿饭？	B：人每天正常需要吃三顿饭。
	A：冬天一直不下雪正常吗？	B：冬天一直不下雪不正常。
	A：大型超市正常几点开门？	B：大型超市正常上午10点开门。

		A：法定正常工作时间是每天几个小时？B：法定正常工作时间是每天8个小时。
553 正好 zhèng hǎo	딱맞다. 꼭 맞다. 마침	
	A：走路回家正好可以做什么？B：回家的路上正好可以锻炼身体。	
	A：粉红色的衣服正好适合你吗？B：粉红色的衣服正好适合我。	
	A：一人份炒年糕你正好能吃饱吗？B：一人份炒年糕我吃不饱。	
	A：你家门口正好有便利店吗？B：我家门口正好有便利店。	
554 正确 zhèng què	정확하다. 올바르다.	
	A：学习除了努力还需要什么？B：学习除了努力还需要正确的学习方法。	
	A："明辨是非"是什么意思？B：能够辨别正确的事情和错误的事情。	
	A：你觉得专家讲的话都是正确的吗？B：专家讲的话不完全是正确的。	
555 正式 zhèng shì	정식의. 공식의. 정규의.	
	A：你去过正式的场合吗？B：我去过正式的场合。	
	A：你喜欢穿正式一点的衣服吗？B：我喜欢穿正式一点的衣服。	
	A：你正式给家人介绍过谁？B：我正式给家人介绍过朋友。	
	A：你经历过正式考试吗？B：我经历过正式考试。	
556 证明 zhèng míng	증명하다.	
	A：每次考试都能考第一名证明什么？B：证明这个学生学习很努力，并且很聪明。	
	A：时间可以证明什么？B：时间可以证明一切。	
	A：打官司需要什么？B：打官司需要事实证明。	
557 之 zhī	가다/...의	
	A：一件商品优惠百分之30是打几折？B：优惠百分之30是打七折。	
	A：四分之一小时是多少分钟？B：四分之一小时是十五分钟。	
	A：你最喜欢的中国菜之一是什么？B：北京烤鸭。	

		A：下课之后你要做什么？B：下课之后我要回家吃饭。
558 支持 zhī chí	지지하다.	
	A：谁会永远支持你？B：家人会永远支持我。	
	A：你希望得到谁的支持？B：我希望得到家人和朋友的支持。	
	A：你一天不吃饭身体能支持住吗？B：我一天不吃饭身体不能支持住。	
	A：倒立你能支持几分钟？B：倒立我能支持一分钟。	
559 只 zhī	단수의. 단 하나의/ 마리	
	A：你家有几只小狗？B：我家有两只小狗。	
	A：你在路上见过一只流浪猫吗？B：我在路上见过一只流浪猫。	
	A：狗妈妈一次能生几只小狗？B：一次能生4~8只小狗。	
560 知识 zhī shi	지식.	
	A：你希望做一个有知识的人吗？B：我希望做一个有知识的人。	
	A：学习的目的是什么？B：学习的目的是获得知识。	
	A："活到老，学到老。"说明什么？B：说明知识是无穷无尽的，一生都要学习。	
	A：知识可以改变命运吗？B：知识可以改变命运。	
561 直接 zhí jiē	직접적인.	
	A：学习时有不懂的问题怎么办？B：有不懂的问题可以直接请教老师。	
	A：你下课后会直接回家吗？B：我下课后会直接回家。	
	A：你吃完晚饭会直接睡觉吗？B：我吃完晚饭会看会电视再睡觉。	
562 值得 zhí dé	값에 상응하다. 값이 맞다. 값이 …할 만하다. …할 만한 가치가 있다.	
	A：你觉得做什么事情是值得的？B：读书和运动是值得做的事情。	
	A：值得让你高兴的事情是什么？B：我和家人一起旅游。	
	A：值得让你付出全部努力的是什么？B：孝敬父母。	

		A：值得让你尊敬的人是谁？B：指出我的缺点，对我好的人。
563 **植物** zhí wù	식물.	
	A：你家里有盆栽植物吗？B：我家里有盆栽植物。	
	A：植物的光合作用可以产生什么？B：植物的光合作用可以产生人类需要的氧气。	
	A：人类生存可以离开植物吗？B：人类生存离不开植物。	
564 **职业** zhí yè	직업.	
	A：你喜欢什么职业？B：我喜欢教师职业。	
	A：你做过职业规划吗？B：我做过职业规划。	
	A：如何选择合适的职业？B：选择职业时应考虑自己的专业，特长以及性格等多方面因素。	
565 **只好** zhǐ hǎo	부득이. 부득불. 할 수 없이. 어쩔 수 없이.…할 수밖에 없다.	
	A：天如果下雨，室外篮球比赛只好怎么样？B：天如果下雨，室外篮球比赛只好取消。	
	A：灯的开关坏了，只好怎么办？B：灯的开关坏了，只好找维修工人来修理。	
	A：没赶上末班公交车怎么办？B：没赶上末班车只好打车回家了。	
	A：早上起晚了来不及吃早饭了该怎么办？B：只好去便利店买个面包吃了。	
566 **只要** zhǐ yào	…하기만 하면	
	A：只要有毅力，就一定会成功吗？B：只要有毅力就一定会成功的。	
	A：只要坚持运动，就会拥有好身材吗？B：只要坚持运动，就会拥有好身材。	
	A：饿的时候，你想吃什么饭？B：只要能填饱肚子，什么饭都可以。	
567 **指** zhǐ	손가락./ 가리키다.	
	A：你能指出你的家在哪个方向吗？B：我的家在那个方向。	
	A：你多久剪一次手指甲？B：我两个周剪一次手指甲。	
	A：我们学习的汉语指的是什么？B：标准普通话。	
568 **质量**	(생산품이나 일의) 질. 품질.	

	zhì liàng	A：你买食品的时候注重质量还是注重价格？B：我买食品的时候注重质量。
		A：价格高的衣服质量都会很好吗？B：价格高的衣服质量不一定都很好。
		A：企业发展的保障是什么？B：高质量的产品是企业发展的保障。
		A：哲学上，数量累积到一定的程度会发生什么？B：数量累积到一定程度会发生质量的改变。
569 至少 zhì shǎo	적어도. 최소한.	
	A：你一顿至少能吃几碗米饭？B：我一顿至少能吃半碗米饭。	
	A：你每周至少去几次超市？B：我每周至少去一次超市。	
	A：一本汉语初级书至少几个月可以学完？B：至少需要4~6个月可以学完。	
	A：无论贫穷与富有，一个人至少要有什么？B：无论贫穷与富有，一个人至少要有孝心。	
570 制造 zhì zào	제조하다. 만들다. 조장하다.	
	A：你的手机是哪个公司制造的？B：我的手机是三星公司制造的。	
	A：你有买过海外制造的商品吗？B：我有买过海外制造的商品。	
	A：谁发明制造了电灯？B：爱迪生。	
	A：你了解电脑的制造过程吗？B：我不了解电脑的制造过程。	
571 中文 zhōng wén	중국의 언어와 문자.	
	A：你希望自己的中文口语达到什么水平？B：达到和中国人日常交流没问题的水平。	
	A：你会使用中文版手机吗？B：我会使用中文版手机。	
	A：你能看懂中文字幕的电视剧吗？B：我能看懂一点点。	
	A：你能在电脑上打出中文字体吗？B：我能在电脑上打出中文字体。	
572 重点 zhòng diǎn	중점.	
	A：你觉得自己需要重点学习汉语的哪一部分？B：我需要重点学习说和写两部分。	
	A：政府工作的重点是什么？B：政府工作的重点是发展经济。	
	A：你想去哪所大学读书？B：我想去全国重点大学读书。	

	A：你认为一个人10~20岁的时候重点是做什么？B：重点是努力学习，学会做人的道理。
573 重视 zhòng shì	중시하다. 중요시하다. A：你最重视哪一门功课？B：我重视所有功课。 A：妈妈重视你的什么？B：妈妈重视我的健康和学习。 A：你重视自己的外貌吗？B：我重视自己的外貌。 A：你希望被谁重视？B：我希望被老师重视。
574 周围 zhōu wéi	주위. 주변. A：中文学院周围有银行吗？B：中文学院周围没有银行。 A：你家周围有大型超市吗？B：我家周围有大型超市。 A：你周围有外国人朋友吗？B：我周围有外国人朋友。 A：济州岛周围是什么？B：济州岛周围是大海。
575 猪 zhū	돼지. A：你家有属猪的人吗？B：我妹妹属猪。 A：你喜欢吃猪肉吗？B：我喜欢吃猪肉。 A：你见过森林里的野猪吗？B：我在《动物世界》节目中见过。
576 逐渐 zhú jiàn	점점. 점차. A：你的中文水平提高了吗？B：我的中文水平在逐渐提高。 A：夏天来到的时候，白天逐渐变短还是变长？B：夏天来到的时候，白天逐渐变长。 A：随着年龄的增长，你逐渐明白了什么？B：我逐渐明白了父母的辛苦。 A：太阳每天几点开始逐渐升起？B：太阳每天6点左右逐渐升起。
577 主动 zhǔ dòng	주동적인. 자발적인 A：学习的时候遇到不懂的问题应该怎么办？B：应该主动请教老师或同学。 A：在路上看到老人摔倒，你会怎么做？B：我会主动过去扶老人起来。

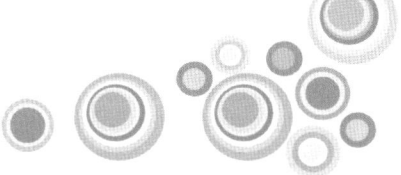

		A：你觉得成功的机会是需要等待的吗？B：我觉得成功的几乎需要主动努力寻找。
		A：妈妈做饭的时候你会主动帮忙吗？B：妈妈做饭的时候我会主动帮忙。
578 **主意** zhǔ yi	방법. 생각. 아이디어. 의견	
	A：你的家人中谁的主意比较多？B：我爸爸的主意比较多。	
	A：你有什么好主意学好汉语？B：多认识一些中国朋友。	
	A：关于周末去哪里玩你有什么好主意？B：周末可以去明洞逛街。	
	A：关于学习累的时候怎样调节，你有什么好主意？B：到楼顶呼吸一下新鲜空气，休息一下。	
579 **祝贺** zhù hè	축하하다. 경하하다.	
	A：新店开业的时候家人和朋友们会祝贺什么？B：祝贺发财。	
	A：结婚的时候，家人和朋友们会祝贺什么？B：祝贺百年好合，早生贵子。	
	A：新年的时候，人们会互相祝贺什么？B：祝贺新的一年，家庭和睦，心想事成。	
580 **著名** zhù míng	저명하다. 유명하다.	
	A：你最喜欢的中国著名演员是谁？B：成龙。	
	A：你最喜欢的中国著名歌手是谁？B：周华健。	
	A：北京大学是一所怎样的大学？B：北京大学是中国著名的大学。	
	A：中国著名的旅游景点有哪些？B：故宫、万里长城、秦始皇陵兵马俑等。	
581 **专门** zhuān mén	전문적이다.	
	A：在大学里你想专门学习什么？B：在大学里我想专门学习酒店管理。	
	A：家人怎样给你庆祝生日？B：家人会专门为我准备生日蛋糕和礼物。	
582 **专业** zhuān yè	전공.	
	A：你想读什么专业？B：我想读旅游专业。	
	A：你觉得学什么专业比较有前途？B：我觉得学医学专业比较有前途。	

	A：你想找怎样的工作？B：我想找和专业有关的工作。
583 赚 zhuàn	(돈을) 벌다. A：爸爸为什么每天工作很忙？B：因为爸爸要赚钱养家。 A：你觉得做什么工作赚钱多？B：我觉得开饭馆赚钱多。 A：爸爸赚钱多还是妈妈赚钱多？B：爸爸赚钱多。 A：你赚过钱吗？B：我兼职的时候赚过钱。
584 撞 zhuàng	(두 물체가 세게) 부딪치다. A：你在路上见过撞车的事故吗？B：我在路上见过撞车的事故。 A：开车时不小心撞了车怎么办？B：应该马上打电话联系保险公司。 A：你走路的时候不小心撞到过别人吗？B：我走路的时候不小心撞到过别人。
585 准确 zhǔn què	확실하다. 정확하다. 틀림없다. 꼭 맞다. A：你能使用中文准确地说出中文学院的名称吗？B：梦想中国语学院。 A：一个国家的人口数可以准确统计出来吗？B：一个国家的人口数不可以准确统计出来。
586 准时 zhǔn shí	정시에. 제때에. A：你每天都准时来上课吗？B：我每天都准时来上课。 A：和朋友约会的时候你会准时到达吗？B：我一般会提前到达。 A：妈妈每天早上会准时做饭吗？B：妈妈每天早上会准时做饭。
587 仔细 zǐ xì	세심하다. 꼼꼼하다. A：考试的时候为什么会做的题也会错？B：因为不够仔细。 A：你是一个仔细的人吗？B：我是一个仔细的人。 A：一名合格的会计师需要具备什么素质？B：一名合格的会计师需要具备严谨仔细的素质。
588 自然 zì rán	자연. A：你喜欢大自然吗？B：我喜欢大自然。

		A：我们应该怎样对待自然环境？B：我们应该保护自然环境。
		A：自然灾害有哪些？B：地震、海啸、干旱、洪涝等。
589 **总结** zǒng jié	총괄하다. 총화하다. 총결산하다. 총정리하다. 전체를 묶어 매듭짓다.	
	A：每节课的最后老师会做什么？B：每节课的最后老师会做一下总结。	
	A：我们应该怎样面对失败？B：我们应该总结失败的原因，吸取经验教训。	
	A：每次考试后你都会总结一下吗？B：每次考试之后我都会总结一下不足之处。	
590 **租** zū	세내다. 임차하다. 임대하다.	
	A：在韩国租房子贵吗？B：在韩国租房子贵。	
	A：你租过毕业礼服吗？B：我租过毕业礼服。	
	A：你经常坐出租车吗？B：我经常坐出租车。	
	A：你租过汽车吗？B：我租过汽车。	
	A：租房住需要另交水电费吗？B：租房住需要另交水电费。	
591 **组成** zǔ chéng	짜다. 조성하다. 구성하다. 조직하다.	
	A：你的家由几部分组成？B：客厅、厨房、卧室、洗手间，储物间和阳台五部分组成。	
	A：汉字拼音由几部分组成？B：声母、韵母和声调三部分组成。	
	A：电脑由几部分组成？B：电脑由硬件和软件两部分组成。	
592 **组织** zǔ zhī	조직하다. 구성하다. 결성하다.	
	A：你参加过学校组织的活动吗？B：我参加过学校组织的活动。	
	A：领导一般有什么能力？B：领导一般有协调组织能力。	
	A：你组织过聚会吗？B：我组织过聚会。	
593 **嘴** zuǐ	입의 속칭.	
	A：人有几张嘴？B：人有一张嘴。	
	A：为什么人有两只眼睛、两只耳朵、两双手，但是只有一张嘴？B：上帝为了让人多看、	

		多听、多做、少说。
		A：嘴的用途是什么？B：吃饭和说话。
		A：你上火的时候嘴角会发炎吗？B：我上火的时候嘴角会发炎。
		A：你是一个嘴甜的人吗？B：我是一个嘴甜的人。
594	最好 zuì hǎo	가장[제일] 좋다.
		A：你收到过最好的礼物是什么？B：我收到过最好的礼物是音乐手机。
		A：一个人最好的年纪是什么时候？B：20多岁的时候。
		A：你最好的回忆是什么？B：我和朋友一起去旅游的回忆。
595	最后 zuì hòu	최후의. 맨 마지막의.
		A：你最后一次去首尔是什么时候？B：我最后一次去首尔是上个月。
		A：你们家一般谁是最后回家的人？B：我爸爸是最后回家的人。
		A：你们家谁是最后一个吃完饭的人？B：我妈妈是最后一个吃完饭的人。
596	尊重 zūn zhòng	존중하다.
		A：怎样才能得到别人的尊重？B：要想得到别人的尊重，首先应该尊重别人。
		A：你最尊重的人是谁？B：我最尊重的人是我的爸爸。
		A：浪费粮食是什么行为？B：浪费粮食是对农民的劳动成果的不尊重。
597	做生意 zuò shēng yi	장사를 하다. 사업을 하다.
		A：你爸爸做什么生意？B：我爸爸做中韩贸易的生意。
		A：你想做什么生意？B：我想做化妆品生意。
		A：你觉得做生意容易吗？B：做生意很不容易，很辛苦。
598	座 zuò	좌석. 자리./[건물, 산, 묘 등을 나타내는 양사]
		A：坐在汽车后座的人需要系安全带吗？B：坐在汽车后座的人可以不系安全带。
		A：你每天坐公交车的时候都有座吗？B：我每次坐公交车的时候都有座。

		A：给老人让座是一种什么行为？B：给老人让座是一种有礼貌的行为。
599 **座位** zuò wèi		좌석. A：你上课的时候喜欢坐在哪个座位？B：我喜欢坐在第一排座位。 A：坐飞机的时候你喜欢靠窗的座位还是不靠窗的座位？B：我喜欢靠窗的座位。 A：地铁里的座位多还是公共汽车里的座位多？B：地铁里的座位多。
600 **作者** zuò zhě		지은이. 저자. 작자. 필자. A：你看小说之前会先看作者介绍吗？B：我看小说之前会先看作者介绍。 A：这本书的作者是谁？B：这本书的作者是刘老师。 A：《哈利波特》的作者是谁？B：英国作家罗琳。

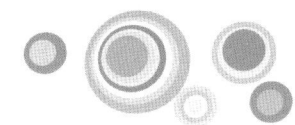

드림중국어 중급 필수 어휘 600

No.	중국어	발음	한국어
1	爱情	ài qíng	사랑
2	安排	ān pái	배치하다,안배하다
3	安全	ān quán	안전하다
4	暗	àn	어둡다
5	按时	àn shí	규정된 시간에 따라, 제 때에
6	按照	àn zhào	~에 따라,~대로
7	包括	bāo kuò	포함하다
9	保护	bǎo hù	보호하다
10	保证	bǎo zhèng	보증하다
11	抱	bào	안다,포옹하다
12	抱歉	bào qiàn	미안해하다
13	报道	bào dào	보도하다
14	报名	bào míng	신청하다,접수하다
15	被	bèi	이불, ~당하다
16	本来	běn lái	본래의
17	笨	bèn	어리석다
18	笔记本	bǐ jì běn	노트,수첩
19	毕业	bì yè	졸업하다

20	遍	biàn	널리 퍼져있다; 번
21	标准	biāo zhǔn	표준,기준
22	表达	biǎo dá	나타내다,드러내다
23	表格	biǎo gé	양식,서식,표
24	表扬	biǎo yáng	칭찬하다
25	饼干	bǐng gān	과자
26	并且	bìng qiě	또한,그리고
27	博士	bó shì	박사
28	不但	bú dàn	~뿐 아니라
29	不过	bú guò	그러나
30	不得不	bù dé bù	어쩔 수 없이
31	不管	bù guǎn	~에 관계없이
32	不仅	bù jǐn	~뿐만 아니다
34	部分	bù fen	부분
35	擦	cā	마찰하다,비비다, 칠하다
36	猜	cāi	추측하다,알아 맞히다
37	材料	cái liào	재료
38	参观	cān guān	참관하다
39	差不多	chà bu duō	비슷하다
40	尝	cháng	맛보다
41	长城	cháng chéng	만리장성
42	长江	cháng jiāng	창장

43	场	chǎng	번, 차례
44	超过	chāo guò	초과하다 추월하다
45	吵	chǎo	시끄럽다
46	乘坐	chéng zuò	타다
47	成功	chéng gōng	성공하다, 성공
48	成熟	chéng shú	성숙하다
49	成为	chéng wéi	~이 되다
50	诚实	chéng shí	성실하다
51	吃惊	chī jīng	놀라다
52	重新	chóng xīn	다시, 새로
53	抽烟	chōu yān	담배를 피우다
54	出差	chū chāi	출장가다
55	出发	chū fā	출발하다
56	出生	chū shēng	태어나다
57	传真	chuán zhēn	팩스
58	窗户	chuāng hu	창문
59	词典	cí diǎn	사전
60	从来	cóng lái	지금까지, 여태껏
61	粗心	cū xīn	소홀하다, 꼼꼼하지 못하다
62	答案	dá'àn	답안
63	打扮	dǎ ban	꾸미다
64	打扰	dǎ rǎo	방해하다

65	打印	dǎ yìn	프린트하다
66	打折	dǎ zhé	할인하다
67	打针	dǎ zhēn	주사를 놓다,주사를 맞다
68	大概	dà gài	아마,대개
69	大使馆	dà shǐ guǎn	대사관
70	大约	dà yuē	대략,대충
71	戴	dài	착용하다,쓰다,끼다,차다
72	代表	dài biǎo	대표
73	代替	dài tì	대신하다,대체하다
74	大夫	dài fu	의사
75	当	dāng	되다,맡다
76	当地	dāng dì	현지
77	当时	dāng shí	당시
78	刀	dāo	칼
79	导游	dǎo yóu	가이더; 안내하다
80	到处	dào chù	도처에,곳곳에
81	到底	dào dǐ	마침내,도대체
82	道歉	dào qiàn	사과하다
83	得意	dé yì	득의양양하다
84	得	děi	~해야 한다
85	等	děng	등등
86	底	dǐ	밑,밑바닥

87	地球	dì qiú	지구
88	地址	dì zhǐ	주소
89	掉	diào	떨어지다
90	调查	diào chá	조사하다
91	丢	diū	잃어 버리다
92	冬	dōng	겨울
93	东	dōng	동쪽
94	动作	dòng zuò	동작
95	堵车	dǔ chē	차가 막히다
96	肚子	dù zi	배
97	断	duàn	자르다,끊다
98	对	duì	맞다
99	对话	duì huà	대화
100	对面	duì miàn	맞은편
101	顿	dùn	횟수를 셀 때 쓰임; 끼
102	朵	duǒ	송이
103	而	ér	연결할 때 쓰임
104	儿童	ér tóng	어린이
105	发	fā	보내다
106	发生	fā shēng	생기다,발생하다
107	发展	fā zhǎn	발전하다
108	法律	fǎ lǜ	법률

109	翻译	fān yì	통역하다,번역하다
110	烦恼	fán nǎo	걱정스럽다,괴롭다
111	反对	fǎn duì	반대하다
112	反映	fǎn yìng	반영하다
113	范围	fàn wéi	범위
114	方法	fāng fǎ	방법
115	方面	fāng miàn	방면,쪽,분야
116	方向	fāng xiàng	방향
117	访问	fǎng wèn	방문하다
118	放弃	fàng qì	포기하다
119	放暑假	fàng shǔ jià	여름 방학을 하다
120	分之	fēn zhī	~분 의~, %
121	份	fèn	부
122	丰富	fēng fù	풍부하다
123	风景	fēng jǐng	풍경
124	否则	fǒu zé	만약
125	符合	fú hé	부합하다
126	富	fù	부유하다
127	父亲	fù qin	아버지
128	复印	fù yìn	복사하다
129	复杂	fù zá	복잡하다
130	负责	fù zé	책임지다

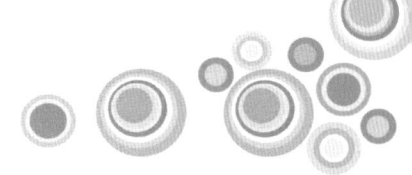

131	改变	gǎi biàn	변하다
132	干杯	gān bēi	건배하다
133	干燥	gān zào	건조하다
134	感动	gǎn dòng	감동하다
135	感觉	gǎn jué	감각,느낌
136	感情	gǎn qíng	감정
137	感谢	gǎn xiè	감사하다
138	干	gàn	하다
139	刚刚	gāng gāng	막,방금
140	高级	gāo jí	고급의
141	个子	gè zi	키
142	各	gè	각,여러
143	公里	gōng lǐ	킬로미터
144	工具	gōng jù	기구,도구
145	工资	gōng zī	급여,임금
146	共同	gòng tóng	공동의,공통의
147	够	gòu	충분하다
148	购物	gòu wù	구매하다
149	孤单	gū dān	외롭다
150	估计	gū jì	예측하다,추측하다
151	鼓励	gǔ lì	격려하다,북돋우다
152	鼓掌	gǔ zhǎng	박수치다

153	顾客	gù kè	고객,손님
154	故意	gù yì	일부러
155	挂	guà	걸다,끊다
156	关键	guān jiàn	관건,키 포인트
157	观众	guān zhòng	시청자
158	管理	guǎn lǐ	관리하다
159	光	guāng	빛
160	广播	guǎng bō	방송하다
161	广告	guǎng gào	광고
162	逛	guàng	산보하다,거닐다
163	规定	gui ding	규정,규정하다
164	国际	guó jì	국제적인
165	果然	guǒ rán	과연
166	果汁	guǒ zhī	과일주스
167	过	guò	지나다,건너다
168	过程	guò chéng	과정
169	海洋	hǎi yáng	해양
170	害羞	hài xiū	부끄러워하다,수줍어하다
171	寒假	hán jià	겨울방학
172	汗	hàn	땀
173	航班	háng bān	항공편
174	好处	hǎo chu	이익,이로운 점

175	好像	hǎo xiàng	비슷하다,닮다
176	号码	hào mǎ	번호
177	合格	hé gé	합격하다
178	盒子	hé zi	작은 상자,갑,케이스
179	猴子	hóu zi	원숭이
180	厚	hòu	두껍다
181	后悔	hòu huǐ	후회하다
182	后来	hòu lái	나중에
183	忽然	hū rán	갑자기,문득
184	护士	hù shi	간호사
185	互相	hù xiāng	서로
186	怀疑	huái yí	의심하다
187	回忆	huí yì	기억하다
188	活动	huó dòng	움직이다,운동하다; 활동
189	活泼	huó pō	활발하다
190	火	huǒ	불
191	获得	huò dé	획득하다,얻다
192	基础	jī chǔ	기초,토대
193	激动	jī dòng	흥분하다,감격하다
194	积极	jī jí	긍정적인,적극적이다
195	积累	jī lěi	쌓이다,축적하다
196	极其	jí qí	극히,매우

197	集合	jí hé	모이다,집합하다
198	及时	jí shí	시기적절하다
199	即使	jí shǐ	설령~하더라도,설사~할지라도
200	寄	jì	부치다,보내다
201	记者	jì zhě	기자
202	计划	jì huà	계획
203	既然	jì rán	이왕,이렇게 된
204	技术	jì shù	기술
205	继续	jì xù	계속하다
206	家具	jiā jù	가구
207	加班	jiā bān	야근하다
208	加油站	jiā yóu zhàn	주유소
209	假	jiǎ	가짜의
210	价格	jià gé	가격
211	坚持	jiān chí	굳게 지키다,견지하다
212	减肥	jiǎn féi	다이어트하다
213	减少	jiǎn shǎo	감소하다,줄다
214	将来	jiāng lái	장래,미래
215	奖金	jiǎng jīn	상금,보너스
216	降低	jiàng dī	낮아지다,떨어지다,인하하다
217	交	jiāo	주다,내다,제출하다
218	交流	jiāo liú	교류하다

 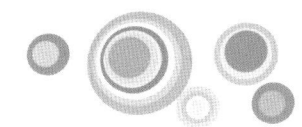

219	交通	jiāo tōng	통하다교통
220	骄傲	jiāo'ào	거만하다,자랑스러워하다
221	饺子	jiǎo zi	교자,만두
222	教授	jiào shòu	교수
223	教育	jiào yù	교육
224	接受	jiē shòu	받다
225	节约	jié yuē	아끼다,절약하다
226	结果	jié guǒ	결과
227	解释	jiě shì	해석하다,해설하다,변명하다
228	紧张	jǐn zhāng	긴장하다,부족하다
229	尽管	jǐn guǎn	얼마든지,비록~일지라도
230	进行	jìn xíng	진행하다
231	禁止	jìn zhǐ	금지하다
232	精彩	jīng cǎi	훌륭하다,뛰어나다
233	精神	jīng shén	정신,활력,생기
234	经济	jīng jì	경제
235	经历	jīng lì	경험,체험,겪다,경험하다
236	经验	jīng yàn	경험
237	京剧	jīng jù	경극
238	警察	jǐng chá	경찰
239	竟然	jìng rán	뜻밖에도,의외로,놀랍게도
240	竞争	jìng zhēng	경쟁,경쟁하다

梦想中国语　会话

241	镜子	jìng zi	거울
242	究竟	jiū jìng	결과,결말 도대체,어쨌든
243	举办	jǔ bàn	열다,개최하다
244	拒绝	jù jué	거절하다,거부하다
245	距离	jù lí	거리
246	开玩笑	kāi wán xiào	농담하다
247	看法	kàn fǎ	견해,의견,생각
248	考虑	kǎo lǜ	고려하다
249	棵	kē	그루,포기
250	科学	kē xué	과학,과학적이다
251	咳嗽	ké sou	기침하다
252	可怜	kě lián	불쌍하다
253	可是	kě shì	그러나,그렇지만
254	可惜	kě xī	아깝다,아쉽다
255	肯定	kěn dìng	긍정하다,분명히
256	空气	kōng qì	공기
257	恐怕	kǒng pà	어쩌면,두려워하다,걱정하다
258	苦	kǔ	쓰다,고생스럽다
259	宽	kuān	넓다
260	困	kùn	졸리다
261	困难	kùn nan	어려움,문제,어렵다
262	扩大	kuò dà	넓히다,늘리다,확대하다

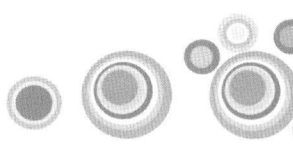

263	拉	lā	당기다
264	垃圾桶	lā jī tǒng	쓰레기통
265	辣	là	맵다
266	来	lái	오다
267	来不及	lái bu jí	시간이 없다
268	来得及	lái de jí	시간이 있다
269	懒	lǎn	게으르다
270	浪费	làng fèi	낭비하다
271	老虎	lǎo hǔ	호랑이
272	冷静	lěng jìng	냉정하다,침착하다
273	礼貌	lǐ mào	예의
274	理发	lǐ fà	이발하다
275	理解	lǐ jiě	이해하다
276	理想	lǐ xiǎng	이상,꿈
277	厉害	lì hai	심하다,격렬하다,지독하다
278	力气	lì qi	힘
279	例如	lì rú	예를 들다
280	俩	liǎ	두개,둘
281	连	lián	연결하다,잇다; 조차도
282	联系	lián xì	연결하다,연락하다
283	练习	liàn xí	연습하다
284	凉快	liáng kuai	시원하다,상쾌하다

285	亮	liàng	밝다,빛나다,환하다
286	聊天	liáo tiān	이야기하다,채팅하다
287	另外	lìng wài	다른; 그밖에,게다가
288	留	liú	남다,머무르다
289	留学	liú xué	유학하다
290	流泪	liú lèi	눈물을 흘리다
291	流利	liú lì	유창하다
292	流行	liú xíng	유행,유행하다
293	乱	luàn	어지럽다,혼란하다,
294	律师	lǜ shī	변호사
295	麻烦	má fan	귀찮다,성가시다,번거롭다
296	马虎	mǎ hu	부주의하다,조심성이 없다
297	满	mǎn	차다,가득하다
298	毛巾	máo jīn	수건
299	美丽	měi lì	아름답다,예쁘다
300	梦	mèng	꿈
301	密码	mì mǎ	비밀번호
302	免费	miǎn fèi	무료,공짜
303	民族	mín zú	민족
304	母亲	mǔ qīn	어머니
305	目的	mù dì	목적
306	耐心	nài xīn	참을성 있다,인내심 있다

307	难道	nán dào	설마~?
308	难受	nán shòu	괴롭다
309	内	nèi	안,속
310	内容	nèi róng	내용
311	能力	néng lì	능력
312	年龄	nián líng	나이
313	农村	nóng cūn	농촌
314	弄	nòng	하다
315	暖和	nuǎn huo	따뜻하다
316	偶尔	ǒu ěr	가끔
317	判断	pàn duàn	판단
318	批评	pi ping	비평하다
319	皮肤	pí fū	피부
320	脾气	pí qi	성격
321	篇	piān	편
322	骗	piàn	속이다
323	乒乓球	pīng pāng qiú	탁구
324	平时	píng shí	평상시,보통때
325	瓶子	píng zi	병
326	破	pò	깨다,부수다,타파하다
327	普遍	pǔ biàn	보편적이다,일반적이다
328	其次	qí cì	다음,그 다음

329	其中	qí zhōng	그 속,그 중
330	奇怪	qí guài	이상하다
331	起飞	qǐ fēi	이륙하다
332	起来	qǐ lái	일어나다
333	气候	qì hòu	기후
334	千万	qiān wàn	필히,반드시,꼭
335	签证	qiān zhèng	비자
336	墙	qiáng	벽
337	敲	qiāo	두드리다,치다
338	桥	qiáo	다리
339	巧克力	qiǎo kè lì	초콜릿
340	亲戚	qīn qi	친척
341	轻	qīng	가볍다
342	轻松	qīng sōng	수월하다,편안하다,홀가분하다
343	情况	qíng kuàng	상황,정황,실상
344	请假	qǐng jià	휴가를 신청하다,휴가를 내다
345	请客	qǐng kè	초대하다,초청하다
346	穷	qióng	가난하다
347	区别	qū bié	구별하다,식별하다
348	取	qǔ	손에 넣다,고르다,채택하다
349	全部	quán bù	전부
350	缺点	quē diǎn	결함,결점,단점

351	缺少	quē shǎo	부족하다,모자라다
352	却	què	도리어,오히려
353	确实	què shí	확실하다,틀림없다
354	群	qún	무리
355	然而	rán ér	하지만,그러나
356	热闹	rè nao	시끌벅적하다,번화하다
357	人民币	rén mín bì	인민폐
358	任何	rèn hé	어떠한,무엇,어느
359	任务	rèn wu	임무
360	扔	rēng	던지다,버리다
361	仍然	réng rán	여전히,변함없이
362	日记	rì jì	일기
363	入口	rù kǒu	입구
364	软	ruǎn	부드럽다
365	散步	sàn bù	산책하다
366	森林	sēn lín	숲
367	沙发	shā fā	소파
368	商量	shāng liang	상의하다
369	伤心	shāng xīn	슬퍼하다
370	稍微	shāo wēi	약간,조금
371	社会	shè huì	사회
372	深	shēn	깊다

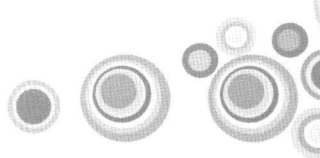

373	申请	shēn qǐng	요구하다,청구하다,신청하다
374	甚至	shèn zhì	심지어,~조차도,~마저
375	生活	shēng huó	생활하다
376	生命	shēng mìng	생명
377	省	shěng	아끼다
378	剩	shèng	남다
379	失败	shī bài	실패하다
380	失望	shī wàng	실망하다
381	师傅	shī fu	스승,사부
382	湿润	shī rùn	습윤하다,촉촉하다
383	狮子	shī zi	사자
384	十分	shí fēn	매우,아주,굉장히
385	实际	shí jì	실제의
386	实在	shí zài	진실하다,정직하다,정말
387	食品	shí pǐn	식품
388	使用	shǐ yòng	사용하다
389	试	shì	시험하다,시험삼아 해 보다
390	市场	shì chǎng	시장
391	适合	shì hé	적합하다,알맞다
392	适应	shì yìng	적응하다
393	世纪	shì jì	세기
394	收	shōu	거두어 들이다,간직하다

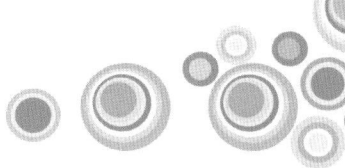

395	收入	shōu rù	수입
396	收拾	shōu shi	거두다,정돈하다,수습하다
397	首都	shǒu dū	수도
398	首先	shǒu xiān	우선,먼저
399	受不了	shòu bu liǎo	참을 수 없다,
400	受到	shòu dao	~을 받다
401	售货员	shòu huò yuán	점원,판매원
402	输	shū	운반하다,지다,패하다
403	熟悉	shú xī	잘,알다
404	数量	shù liàng	수량
405	数字	shù zì	숫자
406	帅	shuài	멋지다,멋있다
407	顺便	shùn biàn	~하는 김에
408	顺利	shùn lì	순조롭다
409	顺序	shùn xù	순서,차례
410	说明	shuō míng	설명하다
411	硕士	shuò shì	석사
412	死	sǐ	죽다
413	速度	sù dù	속도
414	塑料袋	sù liào dài	비닐봉지
415	酸	suān	식초,산 시다
416	算	suàn	계산하다,셈하다

417	随便	suí biàn	마음대로, 하고싶은 대로
418	随着	suí zhe	~따라서, ~에따라
419	孙子	sūn zi	손자
420	所有	suǒ yǒu	소유하다; 모든, 일체의
421	抬	tái	쳐들다, 들어올리다
422	台	tái	무대
423	态度	tài du	태도
424	谈	tán	말하다, 토론하다, 이야기하다
425	弹钢琴	tángāng qín	피아노를 치다
426	汤	tāng	국물, ~탕
427	躺	tǎng	눕다
428	趟	tàng	차례, 번
429	讨论	tǎo lùn	토론하다
430	讨厌	tǎo yàn	싫다
431	特点	tè diǎn	특색, 특징, 특성
432	提供	tí gōng	제공하다
433	提前	tí qián	앞당기다
434	提醒	tí xǐng	일깨우다, 깨우치다
435	填空	tián kòng	괄호를 채우다
436	条件	tiáo jiàn	조건
437	停止	tíng zhǐ	정지하다, 멈추다
438	挺	tǐng	꽤, 매우

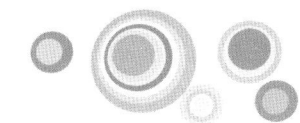

439	通过	tōng guò	건너가다,통과하다
440	通知	tōng zhī	통지하다,알리다
441	同情	tóng qíng	동정하다
442	推	tuī	밀다,추진하다
443	推迟	tuī chí	미루다,연기하다
444	脱	tuō	벗다,제거하다
445	袜子	wà zi	양말
446	完全	wán quán	완전하다,전혀
447	往	wǎng	~을 향해,~쪽으로
448	往往	wǎng wǎng	왕왕,가끔,자주,종종
449	网球	wǎng qiú	테니스
450	网站	wǎng zhàn	사이트
451	危险	wēi xiǎn	위험하다
452	味道	wèi dao	맛
453	温度	wēn dù	온도
454	文章	wén zhāng	문장
455	握手	wò shǒu	악수를 하다
456	污染	wū rǎn	오염되다,오염시키다
457	无	wú	없다
458	无聊	wú liáo	지루하다,심심하다
459	无论	wú lùn	~에도 불구하고; ~도 상관없이
460	误会	wù huì	오해하다,오해

461	西红柿	xī hóng shì	토마토
462	吸引	xī yǐn	끌어당기다,유인하다,사로잡다
463	洗衣机	xǐ yī jī	세탁기
464	咸	xián	짜다
465	现代	xiàn dài	현대
466	羡慕	xiàn mù	부러워하다
467	限制	xiàn zhì	규제하다,속박하다,제한하다
468	香	xiāng	좋다,향기롭다,맛있다
469	相反	xiāng fǎn	상반되다,서로 어긋나다
470	详细	xiáng xì	상세하다,자세하다
471	响	xiǎng	울리다
472	消息	xiāo xi	뉴스,소식
473	小说	xiǎo shuō	소설
474	笑话	xiào hua	우스갯소리,농담
475	效果	xiào guǒ	효과
476	辛苦	xīn kǔ	고생스럽다
477	心情	xīn qíng	기분,감정,심정
478	信任	xìn rèn	신임하다; 맡기다
479	信心	xìn xīn	자신,확신
480	信用卡	xìn yòng kǎ	신용카드
481	兴奋	xīng fèn	흥분하다,감격하다
482	行	xíng	걷다,가다,좋다,괜찮다

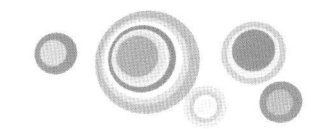

483	醒	xǐng	깨다,깨어나다
484	性别	xìng bié	성별
485	性格	xìng gé	성격
486	幸福	xìng fú	행복
487	修	xiū	수리하다,꾸미다,장식하다
488	许多	xǔ duō	매우,많다
489	血	xuè	피
490	压力	yā lì	스트레스,압력
491	牙膏	yá gāo	치약
492	亚洲	yà zhōu	아시아
493	呀	ya	어기사
494	盐	yán	소금
495	严格	yán gé	엄격하다
496	严重	yán zhòng	심각하다
497	演出	yǎn chū	공연하다
498	演员	yǎn yuán	배우,연기자
499	阳光	yáng guāng	햇빛
500	养成	yǎng chéng	양성하다,키우다,기르다
501	样子	yàng zi	모양,형상
502	邀请	yāo qǐng	초청하다,초대하다
503	钥匙	yào shi	열쇠
504	也许	yě xǔ	어쩌면,아마

505	页	yè	면,쪽,페이지
506	叶子	yè zi	잎
507	一切	yí qiè	일체,전부
508	以	yǐ	~으로,~을 가지고
509	亿	yì	억
510	意见	yì jiàn	의견,견해
511	艺术	yì shù	예술
512	因此	yīn cǐ	이 때문에,그래서
513	饮料	yǐn liào	음료
514	引起	yǐn qǐ	일으키다
515	印象	yìn xiàng	인상
516	赢	yíng	이기다
517	硬	yìng	단단하다,딱딱하다
518	勇敢	yǒng gǎn	용감하다
519	永远	yǒng yuǎn	영원히
520	优点	yōu diǎn	장점
521	优秀	yōu xiù	뛰어나다,우수하다
522	幽默	yōu mò	유머하다
523	由	yóu	~로부터,~이
524	由于	yóu yú	~때문에,~로
525	尤其	yóu qí	특히,더욱
526	有趣	yǒu qù	재미있다

 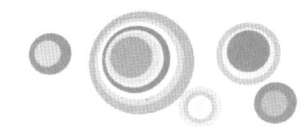

527	友好	yǒu hǎo	우호적이다
528	友谊	yǒu yì	우정
529	愉快	yú kuài	유쾌하다,즐겁다
530	于是	yú shì	그래서,이에,그리하여
531	与	yǔ	~과,~과 함께
532	语法	yǔ fǎ	문법
533	语言	yǔ yán	언어
534	羽毛球	yǔ máo qiú	배드민턴
535	预习	yù xí	예습하다
536	圆	yuán	원,동그라미
537	原来	yuán lái	원래,본래원래
538	原谅	yuán liàng	용서하다,양해하다
539	原因	yuán yīn	원인
540	约会	yuē huì	약속하다
541	阅读	yuè dú	읽다
542	允许	yǔn xǔ	허락하다
543	杂志	zá zhì	잡지
544	咱们	zán men	우리
545	暂时	zàn shí	잠시
546	脏	zāng	더럽다
547	责任	zé rèn	책임
548	增加	zēng jiā	증가하다,늘다

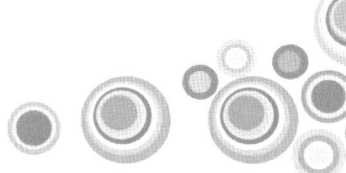

549	增长	zēng zhǎng	성장하다,늘다
550	窄	zhǎi	좁다
551	招聘	zhāo pìn	초빙하다
552	真正	zhēn zhèng	진정한,참된
553	整理	zhěng lǐ	정리하다
554	整齐	zhěng qí	가지런하다,반듯하다,정연하다
555	正常	zhèng cháng	정상이다
556	正好	zhèng hǎo	딱좋다,꼭,마침
557	正确	zhèng què	정확하다
558	正式	zhèng shì	정식의,정식적인
559	证明	zhèng míng	증명하다
560	只	zhī	마리,쪽,짝
561	之	zhī	~의
562	支持	zhī chí	버티다,지원하다,지지하다
563	知识	zhī shi	지식
564	直接	zhí jiē	직접의
565	值得	zhí de	~할 만하다
566	植物	zhí wù	식물
567	职业	zhí yè	직업
568	指	zhǐ	가리키다,지적하다,지시하다
569	只好	zhǐ hǎo	부득이,할 수 없이
570	只要	zhǐ yào	~하기만 하면,오직~한다면

571	制造	zhì zào	제조하다,만들다
572	至少	zhì shǎo	최소한,적어도
573	质量	zhì liàng	질량
574	中文	zhōng wén	중국어
575	重点	zhòng diǎn	중점
576	重视	zhòng shì	중시하다,중요시하다
577	周围	zhōu wéi	주위,둘레
578	猪	zhū	돼지
579	逐渐	zhú jiàn	점점,조금씩
580	主动	zhǔ dòng	주동적이다
581	主意	zhǔ yi	아이디어,생각
582	祝贺	zhù hè	축하하다,경하하다
583	著名	zhù míng	유명하다
584	专门	zhuān mén	특별히,오로지; 전문적인
585	专业	zhuān yè	전공
586	赚	zhuàn	벌다
587	撞	zhuàng	부딪치다,박다,충돌하다
588	准确	zhǔn què	정확하다
589	准时	zhǔn shí	시간에 맞다
590	仔细	zǐ xì	자세하다,세심하다,꼼꼼하다
591	自然	zì rán	자연,자연스럽다,저절로
592	总结	zǒng jié	총결하다

593	租	zū	세내다,빌려 쓰다
594	组成	zǔ chéng	구성하다,조성하다
595	组织	zǔ zhī	조직하다,짜다
596	嘴	zuǐ	입
597	最好	zuì hǎo	제일 좋기는
598	最后	zuì hòu	최후,맨 마지막
599	尊重	zūn zhòng	존경하다,존중하다
600	做生意	zuò shēng yi	장사하다
601	座	zuò	좌석,자리
602	座位	zuò wèi	좌석,자리
603	作业	zuò yè	숙제,과제
604	作者	zuò zhě	저자

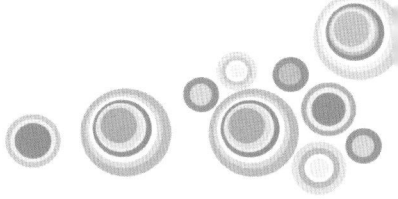

<MP3 & 한국어 해석본 무료 다운!>

이 책에 관련된 MP3 녹음 파일과 한국어 해석본은 드림중국어 카페 (http://cafe.naver.com/dream2088)를 회원 가입한 후에 다운 받으실 수 있습니다.

MP3 파일 다운로드 주소:	https://cafe.naver.com/dream2088/3803

발음과 한국어 해석본 다운로드 주소:	https://cafe.naver.com/dream2088/3799

회화 영상 시청 주소:	https://cafe.naver.com/dream2088/3804

드림중국어 1:1 화상 수업

드림중국어 원어민 수업 체험 예약 (30 분)

QR 코드를 스캔해서 중국어 수업을 체험 신청하세요.

(네이버 아이디로 들어감)

ZOOM 1:1 수업, 휴대폰/태블릿/컴퓨터로 수업 가능

드림중국어 대면 수업

드림중국어 인천 **청라점**
주소:　　　　　인천 청라국제도시
상담 전화:　　　032-567-6880

드림중국어 강남 **대치동점**
주소:　　　　　서울시 강남구 대치동
상담 전화:　　　010-5682-6880

<드림중국어 시리즈 교재>

책 제목	책 제목
드림중국어 왕초보 탈출 1 (HSK 1급)	드림중국어 YCT 1-4급 실전 모의고사 (세트)
드림중국어 왕초보 탈출 2 (HSK 2급)	드림중국어 YCT 회화 (초급) 실전 모의고사
드림중국어 중급 듣기 1 (HSK 3급)	드림중국어 YCT 회화 (중급) 실전 모의고사
드림중국어 초급 회화 600 (HSK 3급)	드림중국어 HSK 1-6급 실전 모의고사 (세트)
드림중국어 중급 회화 600 (HSK 4-5급)	드림중국어 HSKK 초급 실전 모의고사
드림중국어 고급 회화 800 (HSK 5-6급)	드림중국어 HSKK 중급 실전 모의고사
드림중국어 신 HSK 초.중급 필수 단어	드림중국어 HSKK 고급 실전 모의고사
드림중국어 신 HSK 고급 필수 단어	드림중국어 수능 기출 문제집 (세트)
드림중국어 신 HSK 초급 문법	드림중국어 수능 대비 문제집 (세트)
드림중국어 신 HSK 중급 문법	드림중국어 실용 회화 시리즈 (세트)
드림중국어 신 HSK 고급 문법	드림중국어 수능 단어 총정리 (세트)
드림중국어 한자쓰기 초.중급	드림중국어 중국 어린이 동요 100 (세트)
드림중국어 한자쓰기 중급/고급 (세트)	드림중국어 중국 어린이 시 100
드림중국어 중급 읽기 1-4 (중국 문화 이야기)	드림중국어 중국 시 100
드림중국어 고급 읽기 1-2 (중국 문화 이야기)	드림중국어 중국 명인 명언 100 (세트)
드림중국어 SAT2 대비 문제집 (세트)	드림중국어 MCT (의학 중국어 시험) 단어
드림중국어 고급 회화 1 (TSC, HSKK 고급)	중국 아이들이 좋아하는 동화 이야기 (세트)
드림중국어 고급 단어 5000 (HSK 1-6급)	드림중국어 중국 인기 노래 100 (세트)

<드림중국어> 출판사 전화: 010-9853-6588